一天一个小成语
斗转星移长知识
让成语的一个个点
连成古文的一片海

一天一个成语

卷三

主　编：夫　子
本册主编：范　丽
编　委：范　丽　雷　蕾　李　颖　刘　佳　毛　恋　唐玉芝　邱鼎淞　王　惠　吴　翩　向丽琴　徐凤英　晏成立　阳　倩　曾婷婷　张朝伟　周方艳　周晓娟

山东教育出版社

图书在版编目（CIP）数据

一天一个成语．卷三 / 夫子主编．— 济南：山东教育出版社，2021.8（2022.1 重印）

ISBN 978-7-5701-1799-4

Ⅰ．①一… Ⅱ．①夫… Ⅲ．①汉语—成语—青少年读物 Ⅳ．① H136.31-49

中国版本图书馆 CIP 数据核字 (2021) 第 155001 号

YI TIAN YI GE CHENGYU　JUAN SAN

一天一个成语　卷三　夫子　主编

主管单位：山东出版传媒股份有限公司

出版发行：山东教育出版社

地址：济南市市中区二环南路 2066 号 4 区 1 号

邮编：250003　电话：（0531）82092660

网址：www.sjs.com.cn

印　　刷：济南鲁艺彩印有限公司

版　　次：2021 年 8 月第 1 版

印　　次：2022 年 1 月第 2 次印刷

开　　本：720 mm × 1020 mm　1/16

印　　张：10

印　　数：10001—20000

字　　数：180 千

定　　价：36.00 元

目录

卷二

yǎng rén bí xī
仰人鼻息

冀州虽鄙，带甲百万，谷支十年。袁绍孤客穷军，仰我鼻息，譬如婴儿在股掌之上，绝其哺乳，立可饿杀。奈何欲以州与之？

——《后汉书》

成语释义 比喻依赖别人生存或看别人脸色行事。仰：依赖。鼻息：呼吸时进出的气体。

造　　句 现在，孤身一人的他为了生活不得不仰人鼻息。

近 义 词 寄人篱下　看人眉睫

反 义 词 自食其力　自力更生

成语接龙

仰人鼻息→息息相关→关怀备至→______→上窜下跳→跳梁小丑→______→出其不意→意气风发→______

咬文嚼字

看人？敬人？靠人！

仰，在古代汉语中，有“脸向上；吞服；敬慕；依靠”的意思，也是旧时的公文用语。在现代汉语中，“仰”保留其部分意思，比如，“脸向上”“敬慕”“依靠，依赖”。“仰人鼻息”一词，并非指抬脸看人呼吸或敬慕他人呼吸，而是指依靠他人的呼吸得以生存。

成语故事

初平元年（190年），各地崛起的豪强联合起来组成关东联军。实力强大的袁绍被推举为联军总指挥。公元191年，关东军内部为争夺地盘、扩充势力，导致冲突升级。于是，袁绍和公孙瓒商议，决定由公孙瓒上阵，以讨伐董卓的名义，袭击占领冀州的韩馥，迫使韩馥交出冀州。同时，袁绍还派人去说服韩馥，想用威逼利诱的办法达到目的。

韩馥生性胆小懦弱，很快答应了袁绍的要求。韩馥手下的官员听说韩馥要把冀州让给袁绍，就劝说他："冀州虽然是个很小的地方，却拥有百万强兵，储备的粮食足够供应十年。袁绍现在势单力薄，依赖我们的呼吸才得以活下去，就像是吃奶的孩子依偎在我们的股掌之中，如果断绝他的奶汁，他很快就会饿死。我们为什么要把冀州让给他呢？"韩馥回答说："我以前是袁绍的部下，我衡量自己的德才，实在比不过袁绍，才决定让贤。古人也是这样提倡的，你们有什么可反对的呢？"

后来，韩馥果然让出了冀州。袁绍自任冀州牧，割据河北。

文苑

详观来谕，似有仰人鼻息，以为惨舒之意。

——朱熹

唉，若不是生计所逼，他韩此君岂肯如此低声下气仰人鼻息？

——王小鹰

推心置腹

tuī xīn zhì fù

光武复与大战于蒲阳，悉破降之，封其渠帅为列侯。降者犹不自安，光武知其意，敕令各归营勒兵，乃自乘轻骑按行部陈。降者更相语曰："萧王推赤心置人腹中，安得不投死乎！"

——《后汉书》

成语释义 形容以真心待人。

造　　句 他们进行了一番推心置腹的谈话，化解了许多误会。

近 义 词 肝胆相照　赤诚相见

反 义 词 居心叵测　巧言令色

成语接龙

推心置腹 → 腹背受敌 → 敌众我寡 → 寡言少语 → ______ → 长年累月 → 月黑风高 → ______ → 水到渠成 → ______

咬文嚼字

是"置"不是"至"

在古代，"置"有"放置，摆放"的意思，现代汉语中也有"放置"一词。"推心置腹"的意思是推出自己的赤诚的心，放置在别人的腹中。此处的"置"是"搁，放"之意，因此不可将"置"错写成"至"。

成语故事

西汉末年，王莽篡权，建立新朝，群雄纷纷起兵讨伐王莽。公元23年初，刘玄被立为天子，刘秀被封为萧王。刘秀到河北巡行各郡县，废除王莽的苛政，深得民心。

当时，河北有不少声势很盛的割据势力和农民起义军，比如邯郸王郎、铜马军等。刘秀率军攻入邯郸后，杀死了王郎。随后，他又去攻打铜马军。经过一个多月的交战，铜马军大败。但很快，铜马军剩下的士卒与赶来增援的士卒又组织起来，向刘秀发起进攻。

于是，刘秀又率汉军与铜马军交战，降服了全部的铜马军，并封他们的首领为列侯。不过，投降的铜马军将领总是有些担忧。刘秀为了打消他们的顾虑，命令他们回到各自的军营统率士卒，而自己轻装骑马检阅军阵。投降的将领互相议论说：“萧王对我们推心置腹，我们怎能不为他拼命呢！”于是，投降的将领都对刘秀心悦诚服。

文苑

总督公推心置腹，任人不疑，将足下太夫人、尊闻夫人俱拔出于狱中，待以非常之隆礼，美衣好食，供给华美，则总督公以同乡里之心可知矣。

——周楫

从这些话里，周天虹对营长的冷漠才似乎找到了解释，因而对左明这种推心置腹的交谈非常感动。

——魏巍

飞扬跋扈

fēi yáng bá hù

景专制河南十四年矣，常有飞扬跋扈志，顾我能养，岂为汝驾御也。今四方未定，勿遽（jù）发哀。

——《北史》

成语释义　原指豪放高傲，不受约束。现在也形容骄横放纵。扬：放纵。跋扈：蛮横，霸道。

造　　句　那个人的脾气很大，飞扬跋扈的，很少有人敢招惹他。

近 义 词　盛气凌人

反 义 词　平易近人

成语接龙

飞扬跋扈 → 互为表里 → 里应外合 → [　　] → 理直气壮 → [　　] → 云游四方 → 方寸大乱 → 乱世英雄 → [　　]

咬文嚼字

“跋扈”亦可为

在现代汉语中，“跋扈”意为“专横暴戾，欺上压下”。但在“飞扬跋扈”一词中，“跋扈”还可解读为“豪放，不受约束”，比如，杜甫在《赠李白》一诗中就写道：“痛饮狂歌空度日，飞扬跋扈为谁雄？”此处，“飞扬跋扈”就是豪放高傲，不受约束之意。

成语故事

南北朝时期，有一个叫侯景的人。他原本是北魏的定州刺史，在北魏的政权被高欢篡夺之后，他就顺势投靠了高欢。高欢不仅让他继续担任定州刺史，还赐予他大丞相府长史的官职。侯景掌管了十万精兵，因此得以统治河南十三州长达十四年。他平时飞扬跋扈、不可一世，甚至公然藐视高欢的儿子高澄。他曾毫不忌讳地宣称：“高欢还在，我不敢怎么样。高欢要是死了，我绝不会与高澄那鲜卑小儿共事。”

高欢死后，轮到高澄执政了。高澄早就想夺取侯景的兵权了，可还没等他得手，侯景就察觉到境遇不妙，立刻领兵归降了南朝梁武帝萧衍，成了豫州刺史。但侯景很快又发动了叛乱，一举攻陷了梁都建康，将国号改为汉。侯景有作战得胜后屠城的习惯，而且他杀人的手段极其残忍。他占领建康后，对建康百姓百般折磨，使得怨声四起。后来，湘东王萧铎出兵击败侯景，除掉了这个罪恶滔天的人。

文苑

只宜公门修行，庶还落蓐之身；何得苦海生波，益造弥天之孽？飞扬跋扈，狗脸生六月之霜；隳突叫号，虎威断九衢之路。

——蒲松龄

走运时，手里攥满了钞票，白天两顿美食城，晚上一趟卡拉OK，玩一点小权术，耍一点小聪明，甚至恣睢骄横，飞扬跋扈，昏昏沉沉，浑浑噩噩，等到钻入了骨灰盒，也不明白自己为什么活过一生。

——季羡林

cǎo jiān rén mìng
草菅人命

故胡亥今日即位而明日射人，忠谏者谓之诽谤，深计者谓之妖言，其视杀人若艾草菅然。岂惟胡亥之性恶哉？彼其所以道之者非其理故也。

——《汉书》

成语释义 把人的生命看作野草一样。指轻视人命，任意杀戮。菅：一种野草。

造　　句 这本小说中描写了一些贪官污吏，他们草菅人命、仗势欺人，令人痛恨。

近 义 词 生杀予夺　杀人如麻

反 义 词 人命关天

成语接龙

草菅人命→命在旦夕→______→下落不明→明目张胆→胆大妄为→为人师表→______→一诺千金→______

咬文嚼字

何为“草菅”？

菅，是一种野草，因此这个字是草字头，注意不要写成“管”，也不能读作“guǎn”。草菅，字面意思是野草，但在“草菅人命”这一成语中用作动词，意思是“把……看作野草”。

成语故事

西汉著名的政论家、文学家贾谊，从小熟读诸子百家，学习勤奋刻苦。十八岁时就因为出众的才能而闻名于河南郡。

河南郡守吴公向汉文帝推荐了贾谊。汉文帝爱惜人才，不久便任命贾谊为博士。博士是向皇帝提供咨询的官员，汉文帝时常向博士们提出问题，许多老先生一时答不出来，贾谊却能对答如流。贾谊也因此被破格提拔为太中大夫。少年得志的贾谊锋芒毕露，得罪了一些功臣元老。于是，贾谊受到大臣周勃等人的排挤，被贬到长沙，担任长沙王的太傅。

后来，贾谊被汉文帝召回长安，担任梁王刘揖的太傅。梁王是汉文帝最器重的儿子，汉文帝以皇位继承人的标准来培养他。汉文帝希望贾谊能够好好教导他，让他多读书。贾谊对此表达了自己的看法，他说：“教导皇子读书固然重要，但更重要的是教他如何做一个正直的人。秦末时的赵高辅佐秦二世胡亥，教导他严刑峻法，胡亥学到的不是杀头、割鼻，就是满门抄斩。因此，胡亥做了皇帝之后，就把杀人当成割草一样。这仅仅是因为胡亥的本性恶劣吗？他会这样，其根本原因是教导他的人没有引导他走上正道。”

贾谊在梁国任太傅期间，尽心竭力地辅导梁王，使梁王在学识和做人方面都大有长进。

píng shuǐ xiāng féng

萍水相逢

地势极而南溟（大海）深，天柱高而北辰（北极星，比喻国君）远。关山难越，谁悲失路之人？萍水相逢，尽是他乡之客。怀帝阍（hūn）而不见，奉宣室以何年？

——《滕王阁序》

成语释义　像浮萍随水漂泊，偶尔相聚在一起。比喻素不相识的人偶然相遇。

造　　句　虽然我们只是萍水相逢，但是经过这段时间的相处，我们已经成了好朋友。

近 义 词　不期而遇　一面之交

反 义 词　莫逆之交　志同道合

成语接龙

萍水相逢 → 逢凶化吉 → ______ → 照章办事 → 事出有因 → 因材施教 → ______ → 长幼尊卑 → 卑躬屈膝 → ______

咬文嚼字

“萍水相逢”与“不期而遇”的异同

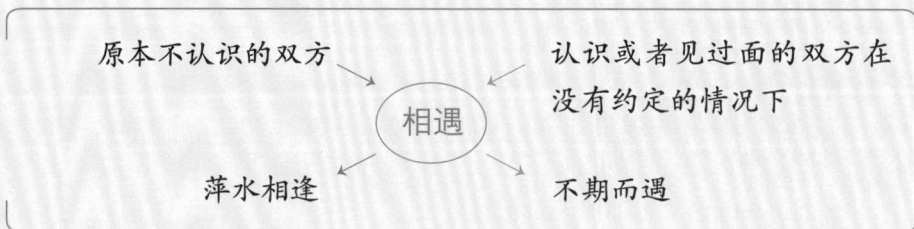

原本不认识的双方 → 相遇 → 萍水相逢

认识或者见过面的双方在没有约定的情况下 → 相遇 → 不期而遇

成语故事

初唐时期，有一位才华横溢、声名远扬的才子，名叫王勃。公元675年，王勃去交趾（今越南境内）探望亲人，在路过洪都（今江西南昌市）的时候，恰好遇上洪州都督主持重新修缮滕王阁。为了庆祝修缮工作顺利完成，都督决定九月初九在滕王阁设宴，邀请宾客参加。王勃也得到邀请参加了宴会，并写下了著名的《滕王阁序》。序中表达了他的情感："关山难以翻越，有谁会来怜悯那些不得志的人呢？人生中的偶然相遇，就好像是浮萍随着水流漂泊，眼前的人都是他乡异地之客。"

王勃认为在这次宴会上，自己和很多人一样，彼此素不相识，就像是流水和浮萍的相遇。王勃也借此表达了自己的失意和怀才不遇的愤懑心情。

长袖善舞的故事

长袖善舞，是一个汉语成语，出自《韩非子·五蠹》。意为衣服的袖子长，有利于起舞。比喻客观条件优越，事情就容易成功。后形容有手腕的人善于投机、钻营。

关于这个成语的故事要从战国时期有名的政治家、谋略家范雎说起。范雎是魏国人，最初，他想在魏国建立一番功业，却被魏国中大夫须贾诬陷通敌卖国，历经磨难来到了秦国。公元前266年，范雎出任秦相，辅佐秦昭王，使得秦国国力大盛。

后来，范雎举荐的将领投降了赵国，而他的亲信河东太守王稽也因私通诸侯被处以重刑。范雎接连涉嫌，如履薄冰。有一天，范雎听了秦昭王的一番陈词，越发感到岌岌可危，诚惶诚恐。此后，他便称病避嫌，赋闲在家。

正当范雎苦恼不已时，自称天下雄辩之士、能取代范雎出任秦相的蔡泽前来求见。范雎问蔡泽："你有什么本事能夺取我的相位？"蔡泽从容地回答："我们说有英明的君主、正直的臣子是整个国家的福气。可是，正直的比干没能使殷商长存，谋略过人的伍子胥没能保全吴国，孝敬的申生也无法平息晋国的混乱。这是为什么呢？最上等的是性命、名声都有的人；居中等的是有名声却因触犯法律而死的人；最下等的是有性命而没名声的人。像秦国大臣商鞅、楚国名将吴起、越国大夫文种这些人，尽心尽力为国效忠，立下汗马功劳，结果却惨遭杀戮。现在，您的声名、功绩不如他们，俸禄、地位、家产却有过之而无不及。再说，秦王信任您，也不如秦孝公信任商鞅、楚悼王信任吴起、越王信任文种。这个时候，还不知如何进退，我担心您将有比他们更深的祸患。为什么不把丞相的官印交给更贤能的人呢？"

蔡泽的话点醒了范雎。随后，蔡泽被范雎引荐给秦昭王。蔡泽长袖善舞，发了一通议论，上到天文地理，下到安抚民众。秦昭王对蔡泽的才能称赞不已，拜他为客卿。不久，范雎就以生病为由辞去了相位。

语林小憩

一、请从下列成语中各选一个字，组成一句诗。

草菅人命　教学相长　莺歌燕舞　飞扬跋扈
三心二意　月黑风高　杞人忧天

____

二、根据提示，写出对应的成语。

1. 刘秀　西汉末年　放置　真心待人

成语：______________

2. 《滕王阁序》　王勃　素昧平生　相遇

成语：______________

三、填字游戏。

仰	人	鼻				怒					
			事				急	败	坏		
鸡	犬	不				冲					
				命	关			乐			
						长	袖		舞		兴
			出	人	头				为	人	
						久		施			动
											众

jiǎo tù sān kū
狡兔三窟

孟尝君顾谓冯谖（xuān）曰："先生所为文市义者，乃今日见之。"冯谖曰："狡兔有三窟，仅得免其死耳。今君有一窟，未得高枕而卧也。请为君复凿二窟。"

——《战国策》

成语释义 指狡猾的兔子会准备好几个藏身的窝。比喻隐蔽的地方或方法多，准备充足。多用于贬义，讥讽狡猾的行为。

造　　句 虽然犯罪分子狡兔三窟，但法网恢恢，疏而不漏，他们最终被一网打尽。

近 义 词 掩人耳目

反 义 词 坐以待毙

找 规 律 勇冠三军　约法三章　入木三分　垂涎三尺

成语接龙

狡兔三窟 → 枯枝败叶 → ______ → 根深蒂固 → 固执己见 → 见利忘义 → 义重如山 → ______ → 秀色可餐 → ______

咬文嚼字

"狡兔三窟"，不可望文生义！

有人这样写道："随着乡村经济的飞速发展，大批农民工开始返乡抢购商住房，有人分别在英伦小镇、龙湖景区和芙蓉苑购得三套住房，真是狡兔三窟啊！"句中用"狡兔三窟"来表达有人准备了好几处安身之所，显然是望文生义，对这个成语的意思理解错误。

成语故事

战国时期，齐国的孟尝君门下有个足智多谋的食客，名叫冯谖。他善于替孟尝君收买人心，以防日后孟尝君无退身之地。冯谖曾去薛地帮孟尝君收债，结果，他不但没有收回钱财，还把欠条当场烧掉了。这让孟尝君很不高兴，但当地民众十分感激他。

后来，孟尝君被遣返回自己的封地薛地。当地民众扶老携幼，大老远就在路上迎接他。孟尝君对冯谖说："您为我施行义举的作用，我现在算是看到了。"冯谖说："狡猾的兔子会准备三个窝，仅仅能够免除一死而已。现在您只有一个窝，还不能高枕无忧。请让我为您再造两个窝。"随后，在孟尝君的支持下，冯谖赶到魏国游说魏惠王聘请孟尝君。齐王听后，害怕孟尝君成为他国的能臣，重新重用孟尝君。在冯谖的建议下，孟尝君向齐王提出希望能够得到祭祀先王的礼器，并在薛地建立宗庙的要求。齐王答应了。宗庙建成以后，冯谖对孟尝君说："现在，三个窝都造好了，您可以高枕无忧地过日子了。"

yù bàng xiāng zhēng yú rén dé lì
鹬蚌相争，渔人得利

鹬曰：“今日不雨，明日不雨，即有死蚌。”蚌亦谓鹬曰：“今日不出，明日不出，即有死鹬。”两者不肯相舍，渔者得而并禽之。

——《战国策》

成语释义 比喻双方相执不下，两败俱伤，结果让第三者占了便宜。鹬：一种长嘴水鸟。蚌：有硬壳的软体动物。

造　　句 你们这样互不相让，结果只能是鹬蚌相争，渔人得利。

近 义 词 两败俱伤

成语接龙

鹬蚌相争，渔人得利 → ______ → 民惟邦本 → 本来面目 → 目光远大 → 大惊失色 → ______ → 纷纷扬扬 → ______

咬文嚼字

“鹬蚌相争，渔人得利”与“螳螂捕蝉，黄雀在后”的异同

相似点：都有考虑不周全，使自己受损、他人得利的含义。

差异性：鹬蚌相争，渔人得利——双方相争，互不相让，结果让第三者得到了好处。

螳螂捕蝉，黄雀在后——比喻目光短浅，只顾眼前利益而不顾后患。

成语故事

战国时期，赵国准备攻打燕国。燕王得知消息后，深知他们打不过赵国，于是请苏代去说服赵王放弃攻打燕国。

苏代来到赵国，见到赵王之后并没有直接说明来意，而是给赵王讲起了故事：“我在来的路上，经过易水，看见一只河蚌在岸上晒太阳。当时，附近还有一只鹬鸟，它看到河蚌，立刻俯冲而下，啄住了蚌肉。河蚌吓得快速合上蚌壳，结果将鹬鸟的长嘴紧紧地夹住了。它们不愿意放开对方，因此都无法逃生。鹬鸟有些急了，威胁道：‘今天不下雨，明天不下雨，你会被晒死在河滩上。’河蚌也不甘示弱地说：‘你今天不抽出嘴来，明天不抽出嘴来，这里就会有一只死鹬鸟。’这时，一个渔夫正好路过，就将它们都抓住了。”

讲完这个故事，苏代对赵王说：“现在赵国和燕国实力相当，打起来一时也难分胜负，长期下去，国家必定受损。我担心强大的秦国会像渔夫一样从中获取利益。”

赵王听了苏代的分析，觉得很有道理，便决定不攻打燕国了。

jǐng dǐ zhī wā

井底之蛙

井蛙不可以语于海者，拘于虚也；夏虫不可以语于冰者，笃于时也；曲士不可以语于道者，束于教也。今尔出于崖涘（sì），观于大海，乃知尔丑。尔将可与语大理矣。

——《庄子》

成语释义 井底的青蛙只能看到井口那么大的一片天。比喻见识短浅、思维狭窄的人。

造　　句 对待学习，每个人都要虚心一些，不可做井底之蛙。

近 义 词 坐井观天　鼠目寸光

反 义 词 见多识广　智周万物

成语接龙

井底之蛙 → 蛙鸣蝉噪 → 造化弄人 → [　　　　] → 沸沸扬扬 → [　　　　] → 气象一新 → 新陈代谢 → 谢天谢地 → [　　　　]

咬文嚼字

井底“之”蛙

之，词性多样，可以作动词、助词、代词、副词、介词、连词、名词。在成语“井底之蛙”中，“之”用在定语和中心词之间，组成偏正词组，表示领属关系。同样意思的“之”还出现在“赤子之心”“钟鼓之声”等词语中。

成语故事

在一口井里，住着一只见识浅薄、妄自尊大的青蛙。有一次，它在井栏上看到一只海里的团鱼在散步，就对它说：“我跳出井后，可以在井栏上尽情地蹦蹦跳跳；回到井里，可以在井壁的砖缝里休息；跳到水中，可以在浅水中畅游；爬到泥下，泥就能盖到我的脚背之上。我周围的小动物没有一个能比得上我。而且，我独占了一汪清水，没有比在井里生活更快乐的事了。您为什么不进来看看呢？”

团鱼应邀来到这口井。可是，它的左脚还没跨进井里，右膝就被绊住了。它只好退回来，并把大海的壮观景色告诉这只可怜的青蛙：“这么说吧，千里之远，无法形容大海的广阔；千丈之高，也无法测量大海的深度。夏禹统治时期，十年中有九年暴雨成灾，但海水并没有因此增加；商汤时期，八年中有七年干旱无雨，海水也没有因此减少。大海不随时间的长短而改变，也不随雨量的大小而增减，我就住在这大海中。比起你这一坑浅水，哪个乐趣更大呢？”青蛙这才感到自己太渺小了。

táng bì dāng chē

螳臂当车

汝不知夫螳螂乎？怒其臂以当车辙，不知其不胜任也，是其才之美者也。戒之！慎之！积伐而美者以犯之，几矣！

——《庄子》

成语释义 螳螂举起前肢企图阻挡车子前进。比喻做力量做不到的事情，必然失败。当：阻挡。

造　　句 以他目前的实力，想要和对手竞争，简直是螳臂当车，不自量力。

近 义 词 蚍蜉撼大树　不自量力

反 义 词 量力而行

成语接龙

螳臂当车 → 车马盈门 → 门庭若市 → 市井之徒 → （　　）→ 功德圆满 → 满城风雨 → （　　）→ 晴空万里 → （　　）

咬文嚼字

“螳臂当车”，亦可“螳臂挡车”

读音是dāng

螳臂（当）车
螳臂（挡）车

读音是dǎng

一对异形成语 → 所谓异形成语，是指同一个成语，意义和用法都相同，却有两种以上的形式，主要是个别字的不同。

成语故事

春秋时期，卫国有一个太子，叫蒯聩。他品行低劣，为人凶残，常以杀人取乐，没有人能管住他。鲁国有一个名叫颜阖的贤士，他将要当太子蒯聩的老师。于是，颜阖从鲁国来到卫国，向卫国的贤大夫蘧伯玉请教，说：“假如这里有这么一个人，他生性残忍，喜欢杀人，我要当他的老师教育他，应该怎么做比较好呢？要是我用仁义教育他，他必定憎恨我，那么我的生命就危险了。要是我放纵他，不加以管束，那么国家就危险了。这个人只看到老百姓的过错，却不明白这些过错正是因为他的罪责造成的。您看，我对他能怎么办呢？”

蘧伯玉一听就知道颜阖说的是太子蒯聩。他回答说：“您还是谨慎为好啊！您不知道螳螂吗？它在滚滚车轮的前方奋力举起双臂时，并不知道自己无力抵挡，还觉得自己有很大的力量。您可要谨慎行事啊。您要是认为凭借自己的才能可以干预太子，这会触犯他的威势，那么您必然会遭到他的残害。”

黔驴技穷

qián lǘ jì qióng

益习其声，又近出前后，终不敢搏。稍近，益狎（xiá，亲近而不庄重），荡倚冲冒，驴不胜怒，蹄之。虎因喜，计之曰："技止此耳！"因跳踉大㘎（hǎn，怒吼），断其喉，尽其肉，乃去。

——《柳宗元集》

成语释义 比喻有限的一点本领也用完了。黔：今贵州一带。技：技能。穷：尽。

造　　句 学本领一定要扎扎实实，稳步前进，否则到了黔驴技穷的时候再后悔就迟了。

近 义 词 无计可施　束手无策

反 义 词 神通广大

成语接龙

黔驴技穷 → 穷途末路 → 路不拾遗 → ______ → 年幼无知 → ______ → 乐不思蜀 → 蜀犬吠日 → 日新月异 → ______

咬文嚼字

"黔驴技穷"与"江郎才尽"的异同

相似点： 都有本事用尽了的意思。

差异性： 黔驴技穷——侧重于说明本身的本领就不大，含贬义。

江郎才尽——比喻才华枯竭，侧重于说明原有的本事有所衰减。

成语故事

贵州本来没有驴，有一个人用船载了一头驴到贵州。到了之后又发现没有什么用处，就把它放到了山下。当地的老虎从来没有见过驴，只敢躲起来偷偷地观察它，慢慢地试探它。

有一天，老虎听到驴大叫的声音，以为它要吃掉自己，吓得逃出很远。可是，老虎在反复观察之后，认为驴并没有什么特别的本领。渐渐地，老虎已经十分熟悉驴的叫声了，于是跑到驴的附近，来来回回地观察和试探，但还是不敢和驴搏斗。后来，老虎进一步向驴靠近，冲撞它，冒犯它，驴无法忍受老虎的骚扰，愤怒地用蹄子踢了一下老虎。这个时候，老虎开心起来，心中盘算道：“驴的本领就只有这些罢了！”然后，老虎吼叫着扑向驴，一口咬断了它的喉咙，吃完了它的肉，满意地离开了。

含有两种动物的成语

龙腾虎跃：像龙在飞腾，虎在跳跃。形容威武有力，场面热烈，也比喻奋起行动，有所作为。

造句：运动员们大展身手，努力拼搏，好一番龙腾虎跃的景象。

偷鸡摸狗：指偷窃的行为，也指不正经的勾当。

造句：那些家伙表面上正儿八经的，私下里却干些偷鸡摸狗的事儿。

蛇头鼠眼：形容人的面相丑陋，心术不正。

造句：瞧他一副蛇头鼠眼的样子，看上去就不是什么好人。

狐朋狗友：指吃喝玩乐、不务正业的朋友。

造句：创业失败后，他一蹶不振，每天都和那帮狐朋狗友混在一起。

鹤立鸡群：如同鹤站在鸡群之中。形容与众不同，在人群里非常突出。

造句：他的身高比周围的人高了很多，完全是鹤立鸡群，吸引了不少人的目光。

兔死狐悲：兔子死了，狐狸因为失去盟友而悲伤。形容因同类的死亡或不幸而感到伤心。

造句：看到一起打拼的同事纷纷被裁掉，他不禁有种兔死狐悲之感。

狼吞虎咽：像虎狼那样吞咽食物，形容吃东西又猛又急的样子。

造句：那个在外面流浪了几天的孩子，看到食物就狼吞虎咽地吃了起来。

语林小憩

一、将下面的八字成语补充完整。

不入虎穴，______

鹬蚌相争，______

三天打鱼，______

______，殃及池鱼

______，黄雀在后

______，驷马难追

二、在空格里填入一种动物，补全下列成语。

守株待□　　□急跳墙

乌飞□走　　苍□白衣

狡□三窟　　狐朋□友

□死狐悲　　偷鸡摸□

三、从下面的表格中找出两个成语。

臂	鹤	蛇	死
车	井	群	一
蛙	兔	当	之
螳	鼠	鸡	底

成语：______　______

kuài zhì rén kǒu
脍炙人口

公孙丑问曰："脍炙与羊枣孰美？"孟子曰："脍炙哉。"公孙丑曰："然则曾子何为食脍炙而不食羊枣？"曰："脍炙所同也，羊枣所独也。讳名不讳姓，姓所同也，名所独也。"

——《孟子》

成语释义 美味人人都爱吃。比喻好的诗文或事物为众人所赞美和传诵。脍：切得很细的肉。炙：烤熟的肉。

造　　句 唐代大诗人李白的诗脍炙人口，千古传诵。

近 义 词 喜闻乐见

反 义 词 平淡无奇

成语接龙

脍炙人口→口是心非→______→可乘之机→机不可失→失而复得→______→手到擒来→来之不易→______

咬文嚼字

"脍炙人口"要看对象

"脍炙人口"原指美味人人都爱吃，后比喻好的诗文或事物人人称赞。有些成语，我们在使用时，既可用它的原义，也可用它的比喻义、引申义，但"脍炙人口"作为成语，已经基本不用其原义，只用其比喻义，也就是说一般不用来形容人人爱吃的美味食物了。

成语故事

春秋时期，有一对父子是孔子的门徒。父亲曾皙喜欢吃羊枣，儿子曾参十分孝顺父亲，因此在父亲去世后曾参不忍心再吃羊枣。这件事情在当时被传为佳话。

到了战国时期，孟子的弟子公孙丑对这件事不能理解，就向孟子请教。公孙丑问："老师，脍炙和羊枣相比，哪一个更好吃？"

孟子回答说："脍炙更好吃。"

公孙丑又问："既然这样，曾参怎么不把脍炙也戒掉，而只是戒吃羊枣呢？"孟子回答说："对于脍炙，大家都喜欢吃；羊枣的滋味和脍炙相比虽然稍差一些，却是他父亲钟爱的食物，因此曾参只戒吃羊枣。这就好比称呼长辈要忌讳叫名字，并不忌讳称姓一样。姓有相同的，但名字是每个人独有的。"

听了孟子的话，公孙丑明白了其中的道理。

文苑

读书人不知道周敦颐的《爱莲说》的恐怕是绝无仅有的。他那一句有名的『香远益清』是脍炙人口的。

——季羡林

一年一度的广州年宵花市，素来脍炙人口。这些年常常有人从北方不远千里而来，瞧一瞧南国花市的盛况。

——秦　牧

luò yáng zhǐ guì
洛阳纸贵

司空张华见而叹曰："班张之流也。使读之者尽而有余，久而更新。"于是豪贵之家竞相传写，洛阳为之纸贵。

——《晋书》

成语释义　形容好的著作风行一时，流传广泛。

造　　句　最近，这套书被疯狂抢购，一时间洛阳纸贵。

近 义 词　一字千金

反 义 词　一文不值

成语接龙

洛阳纸贵 → 贵人多忘 → 忘年之交 → ＿＿＿＿ → 耳提面命 → ＿＿＿＿ → 丝毫不差 → 差强人意 → 意味深长 → ＿＿＿＿

咬文嚼字

物以稀为"贵"？

有人这样写道："各种青春期教育读本层出不穷，真正能作为学校青春期教育理想教材的版本却显得洛阳纸贵。"从句中我们可以看出，"洛阳纸贵"用来表达与"层出不穷"相反的意思，以说明"学校青春期教育理想教材的版本"极其稀少，显然将"洛阳纸贵"的意思弄错了。

成语故事

晋代文学家左思小时候非常顽皮，不爱学习，之后在父亲的鞭策下才开始发愤读书。左思不善言谈，也不喜欢结交朋友，平时就闲居在家读书、写作。

后来，左思决定为三都（蜀都、吴都、魏都）作赋。他用了十年的时间构思、撰写了《三都赋》。《三都赋》完成后，左思自己十分满意，他觉得《三都赋》丝毫不逊色于班固的《两都赋》和张衡的《二京赋》。不过，他担心自己人微言轻，大家会因此瞧不起他的《三都赋》，于是他就去拜访了当时有很高声望的皇甫谧。皇甫谧对左思的文章十分欣赏，还为《三都赋》写了序言。此后，《三都赋》得到了越来越多名流的赏识。

司空张华看了《三都赋》后，赞叹说："左思称得上是班固、张衡那样的人才啊。《三都赋》让人余味无穷，越读越觉得有新意。"很快，人们都争相抄阅《三都赋》，导致京都洛阳的纸供不应求，纸价也随之昂贵起来。

文苑

上海虽繁华世界，究竟五方杂处，所住的无非江湖名士，即如写字的莫友芝，画画的汤埙伯，非不洛阳纸贵，名震一时，总嫌带着江湖气。

——曾朴

你近来几个戏像《救风尘》《金线池》《望江亭》等，都称得起洛阳纸贵，名重一时，歌台舞榭，没有你的戏就不卖座。

——田汉

qǔ gāo hè guǎ
曲高和寡

其为《阳春》《白雪》，国中属而和者不过数十人；引商刻羽，杂以流徵，国中属而和者不过数人而已。是其曲弥高，其和弥寡。

——《古文观止》

成语释义 乐曲的格调越高，能跟着唱的人就越少。比喻思想言论或文艺作品不通俗，能理解的人很少。曲：曲调。和：跟着唱。寡：少。

造　　句 他写的文章有些难懂，曲高和寡，所以喜欢的人不多。

近 义 词 阳春白雪

反 义 词 下里巴人

成语接龙

曲高和寡 → 寡情薄意 → 意气飞扬 → 扬名后世 → ______ → 传道授业 → 业精于勤 → ______ → 家道中落 → ______

咬文嚼字

曲高和（hé）寡，还是曲高和（hè）寡？

和，是一个多音字，最常用的读音是hé ，同时它还有hè、huó、huò、hú的读音。当表示“平和；和睦；平息争端；连带；跟，同”等含义时，读hé。当表示跟着唱或依照别人的诗词的题材、体裁作诗词时读hè。在这个成语中，“和”显然表示的是hè这个读音的意思。

成语故事

有一天，楚襄王问宋玉："先生，你的行为有什么不对的地方吗？为什么有那么多人说你的坏话呢？"宋玉回答说："是的，没错。不过，请大王宽恕我，允许我把话说完。一次，有一个人在都城里唱歌。一开始，他唱的是通俗歌曲《下里》《巴人》，有几千人聚集在他身边一起唱；接着，他唱了比较高雅的歌曲《阳阿》《薤露》，还有几百人聚集在他身边一起唱；后来，他唱了更高雅的歌曲《阳春》《白雪》，聚集在一起跟着他唱的，只有几十个人了；最后，他的歌声将五音的特色发挥得极其高雅美妙，却只剩下几个人跟他唱了。这就说明所唱的歌曲越是高雅，能跟着唱的人就越少。歌曲是这样，人也是这样。超凡的圣人有玉一般的美好言行，远远超过一般人理解和认可的范畴。那些凡夫俗子又怎么可能理解我的言行呢？"

鬼斧神工
guǐ fǔ shén gōng

梓庆削木为鐻(jù)。鐻成，见者惊犹鬼神。

——《庄子》

成语释义 形容建筑、雕塑、绘画等技艺高超精妙。

造　　句 **溶洞中的那些神奇的钟乳石，是大自然鬼斧神工的杰作。**

近 义 词 神工鬼斧　巧夺天工

反 义 词 粗制滥造

成语接龙

鬼斧神工 → 工于心计 → 计日程功 → ____ → 量力而行 → 行将就木 → ____ → 舟车劳顿 → 顿口无言 → ____

咬文嚼字

“鬼斧神工”与“巧夺天工”的异同

相似点：都形容技艺十分高超。

差异性：鬼斧神工——像是鬼神制作出来的，不是人力所能达到的，也可以指自然景物。

巧夺天工——指人工的精巧胜过天然制成，只能用于形容人工制造的事物，不能用于形容自然景物。

成语故事

鲁国有个叫梓庆的木匠，奉命为鲁侯制造鐻（古代的一种乐器，夹置于钟旁，为猛兽形，本来是木制的，后改用铜铸）。梓庆切削木头，雕成了一个十分精致的鐻。这个鐻形象逼真，活灵活现，看到它的人都为之称奇，还有人认为这样的手艺不是人工能做出来的，更可能是出自鬼神之手。

鲁侯见到这个鐻后，问梓庆："你是用什么法术把它制作出来的？"梓庆回答说："我只是一个普通的木匠，哪懂什么法术。在制作它时，我集中注意力，心中没有借此获得赏赐、封官之类的杂念。我认为忘掉名利，集中心思去考虑怎么制作它才是应该保持的境界。这时，我连自己四肢的形态都忘了。然后，我就到山林中去观察，找到了合适的木材。这个时候，我的心中有了鐻的具体模样，再用手雕刻出来。作品和自然规律完全融合，这就是鐻像鬼神所做的原因。"

文苑

俾帝蜀之意，明如日月而不可蒙蔽，峙若山岳而不可动摇，则以鬼斧神工之技，成天造地设之文。

——夏敬渠

有的山水图画是从透明的壶里面画的，真是鬼斧神工，不知是如何下笔的。

——梁实秋

余音绕梁

yú yīn rào liáng

昔韩娥东之齐，匮粮，过雍门，鬻(yù)歌假食。既去而余音绕梁欐，三日不绝，左右以其人弗去。过逆旅，逆旅人辱之。韩娥因曼声哀哭，一里老幼悲愁，垂涕相对，三日不食。

——《列子》

成语释义　形容歌声优美，给人留下难忘的印象。

造　　句　音乐家的演奏结束了，但那动人的旋律仍不绝于耳，真是余音绕梁，令人难忘。

近 义 词　绕梁三日

反 义 词　不堪入耳

成语接龙

余音绕梁 → 梁上君子 → ______ → 有目共睹 → 睹物思人 → 人心不古 → ______ → 怪力乱神 → 神机妙算 → ______

咬文嚼字

使用“余音绕梁”需注意

梁，指的是架在墙上或柱子上用来支撑房顶的横木，因此它是木字底。“余音绕梁”是指声音绕着屋梁飘浮，所以不要将“梁”误写成“梁”。“余音绕梁”是形容歌声优美动人，不能用来形容说话动听，说话动听应该用“娓娓动听”。

成语故事

战国时期，韩国有一个很会唱歌的人，名叫韩娥。有一次，她经过齐国时，发现带的钱都用完了，粮食也吃完了。为了筹集路费、维持生活，她只好在齐国都城的雍门旁边卖唱。韩娥的声音清脆嘹亮，歌声婉转悠扬，十分动听。路过的人听了她的歌声，都十分沉醉。韩娥离开后，袅袅的余音萦绕在屋梁上，三天都没有停歇，附近的人还以为她没有离开。

韩娥经过旅馆时，里面的人对韩娥很无礼，韩娥便忍不住放声大哭起来。她的哭声悲伤凄楚，听到的人都深受感动，彼此泪眼相对，三天吃不下饭。于是，他们追回韩娥，请她唱了一首欢快的歌。

听着歌声，人们都很高兴，所有的悲伤情绪也一扫而空。

成语中的“高手”

得心应手：心里怎么想，手就能怎么做。比喻技艺纯熟或做事情非常顺利。

造句：他进入这个行业多年，做起事来得心应手，有条不紊。

妙手回春：形容医生的医术高明，能把生命垂危的病人治愈。

造句：这位医生妙手回春，为很多人解除了病痛。

游刃有余：很薄的刀刃运转于骨节空隙中，还有回旋的余地。比喻技术熟练，有实际经验，解决问题毫不费力。

造句：她的英语水平很好，在翻译工作中表现得游刃有余。

炉火纯青：道士在炼丹时，认为炉里发出纯青色的火焰就表示炼丹成功了。后用来比喻功夫达到了纯熟完美的境界。

造句：经过数十年的辛勤练习，她的古琴造诣已经到了炉火纯青的地步。

百步穿杨：在一百步以外的距离射中杨柳的叶子。形容射箭或射击技术极其高明。

造句：他的射箭技术高超，的确有百步穿杨的本领。

运斤成风：挥动斧头，快速如风。比喻手法纯熟，技术高超。

造句：这位雕塑家工作时真是运斤成风，这座精美的雕像他不到一个月就完成了。

出神入化：形容文学艺术或技艺高超，达到了绝妙的境界。

造句：著名绘画大师齐白石画虾的技艺已经出神入化了。

语林小憩

一、连线搭配。

诗文　　鬼斧神工

建筑　　娓娓动听

歌声　　脍炙人口

作品　　余音绕梁

说话　　曲高和寡

二、在空格中填入地名，将成语补充完整。

（　　）纸贵　　（　　）学步

（　　）驴技穷　　乐不思（　　）

虎落（　　）　　暗度（　　）

重于（　　）　　寿比（　　）

三、看图猜成语。

成语：（　　）

yù gài mí zhāng
欲盖弥彰

名之不可不慎也如是。夫有所有名，而不如其已。以地叛，虽贱，必书地，以名其人。终为不义，弗可灭已。是故君子动则思礼，行则思义，不为利回，不为义疚。或求名而不得，或欲盖而名章，惩不义也。

——《左传》

成语释义 本意是想要隐名而名益显。后用来指想掩盖真相反而暴露得更加明显。弥：更加。彰：明显。

造　　句 看他急于辩解的样子，就是在欲盖弥彰。

近 义 词 此地无银三百两

反 义 词 不露声色

成语接龙

欲盖弥彰 → 彰明昭著 → 著书立说 → ［　　　　］ → 四面楚歌 → 歌舞升平 → 平分秋色 → ［　　　　］ → 纷至沓来 → ［　　　　］

咬文嚼字

"欲盖弥彰"与"此地无银三百两"的异同

相似点： 本意都指为了隐瞒事情，结果反而暴露出来。

差异性： 欲盖弥彰——指想掩盖坏事的真相，贬义意味更浓。

此地无银三百两——想隐瞒掩饰的事情不一定是坏事。

成语故事

春秋时期，齐国的大夫崔抒得知妾室棠姜与齐庄公私通，就趁两人幽会时把齐庄公杀了。

齐庄公死后，崔抒拥护景公为齐国国君，自己做了丞相。但他杀害君主的事情也传遍了整个朝廷。

当时，每个国家都有负责记录、撰写本国历史的史官。杀害自己国家的君主是大逆不道的行为，会被世人唾弃指责。身为丞相的崔抒自然无法接受史官这样记录自己，所以他多次向史官暗示，想把这件事搪塞过去。但这位史官为人十分正直，坚守住了自己作为史官的职业道德，如实记述了历史，写下了“崔抒杀了他的君主”这样的话。

崔抒没有达到自己的目的，就派人杀了那个史官。可是，继任的史官也跟上一位一样，秉笔直书，没能如他所愿。就这样，崔抒连杀了三任史官。到了第四任，这个史官仍坚持原则。至此，无计可施的崔抒也就只好放弃了，他杀害君主的事情也就被记录了下来。

文苑

陛下临朝，常以至公为言，退而行之，未免私僻。或畏人知，横加威怒，欲盖弥彰，竟有何益！

——《资治通鉴》

例如牙签的使用，其状不雅……纵然手搭凉棚放在嘴边，仍是欲盖弥彰，减少不了多少丑态。

——梁实秋

è guàn mǎn yíng
恶贯满盈

同力度德，同德度义。受有臣亿万，惟亿万心；予有臣三千，惟一心。商罪贯盈，天命诛之。予弗顺天，厥罪惟钧。

——《尚书》

成语释义 罪恶之多，就像穿钱的绳子穿满了一样。形容作恶极多，达到极点。贯：穿钱的绳子。盈：满。

造　句 昨天，那个恶贯满盈的罪犯终于落网了。

近义词 十恶不赦　罪大恶极

反义词 丰功伟绩　功德无量

成语接龙

恶贯满盈 → 盈盈一水 → ______ → 出神入化 → 化整为零 → 零七碎八 → 八面威风 → ______ → 静言思之 → ______

咬文嚼字

“贯”的多种含义

现代汉语中，“贯”的常用意思有贯穿、连贯等。在“恶贯满盈”这一成语中，“贯”的意思是穿钱的绳子，后来引申出“穿成串的钱”的意思。一千钱为一贯，我们常用“万贯家财”来形容十分富有，其中的“贯”就是这个引申义。

成语故事

商朝末年，商纣王荒淫残暴，使得民怨四起。朝中的大臣多次劝商纣王施行仁政，却毫无作用。同时，商纣王还制定了不少酷刑，一旦发现百姓或大臣对自己稍有不满，就会对他们施以割鼻子、斩断四肢、“炮烙”等残酷的刑罚。

当时，西部的周已经很强大了，周武王姬发顺应民义，联合各诸侯一同讨伐商纣王。周武王十三年，诸侯们在孟津会合，武王说：“对待有罪和无罪的人，我怎敢违背上天的意志呢？力量一样就衡量德，德一样就衡量义。商纣王有臣民无数，有无数条心；我有臣子三千，三千都是一条心。商纣王的罪恶，已经穿满了绳子，于是上天让我讨伐他；如果不顺从上天，我的罪恶就会和商纣王一样。”

后来，武王率军向商朝国都朝歌进发，一路上得到百姓的大力支持，最终打败了商纣王，灭了商朝。

kāi mén yī dào

开门揖盗

孝廉，此宁哭时邪？且周公立法而伯禽不师，非欲违父，时不得行也。况今奸宄（guǐ）（盗窃、作乱的坏人）竞逐，豺狼满道，乃欲哀亲戚，顾礼制，是犹开门而揖盗，未可以为仁也。

——《三国志》

成语释义 打开门请强盗进来。指引来坏人，招致祸患。揖：拱手行礼。

造　　句 他的品行不端正，如果任用他，无异于开门揖盗。

近 义 词 引狼入室

反 义 词 敬而远之

成语接龙

开门揖盗 → 盗名欺世 → [　　] → 源远流长 → 长命百岁 → 岁月如流 → 流离失所 → [　　] → 为富不仁 → [　　]

咬文嚼字

“揖”的辨析

揖（yī） —形近字→ 辑（jí）：编辑　楫（jí）：舟楫　缉（jī）：缉拿

揖 → 可以表示拱手行礼，所以更方便记住它是提手旁。

成语故事

东汉末年，孙坚在江东起兵，之后不幸战死在襄阳。他的儿子孙策继承了父业，势力日益强大，在江东地区很有威望，渐渐有了自立为王的趋势。

当时的吴郡太守许贡秘密传信给汉献帝，请求下旨将孙策调往其他地方。没想到，这封信最终落到了孙策手中，给许贡招来了杀身之祸。许贡死后，他的三个门客决心为主人报仇，就趁着孙策打猎的时候，把他刺成重伤。不久，孙策就因医治无效身亡。孙策有个弟弟，名叫孙权。他看到自己的哥哥死得这么凄惨，整日痛哭不止。长史张昭对孙权说："现在奸臣当道，个个野心勃勃，蠢蠢欲动。如果你只顾着悲哀，不去考虑国家大事，无异于打开门请强盗进来，会给自己招来祸患啊！"

孙权听完，犹如醍醐灌顶，马上振作精神，励精图治。

文苑

朱氏灭唐社稷，三尺童子知其为人。而我王犹恃姻好，以长者期之，此所谓开门揖盗者也。

——《资治通鉴》

那么，昨晚上对他开诚布公那番话，把市场上虚虚实实的内情都告诉了他的那番话，岂不是成了开门揖盗么？

——茅盾

狼狈为奸
láng bèi wéi jiān

或言狼狈是两物，狈前足绝短，每行常驾两狼，失狼则不能动，故世言事乖者称狼狈。

——《酉阳杂俎》

成语释义 传说狈是与狼同类的野兽，因前腿短，要趴在狼身上才能行动。比喻两方互相勾结干坏事。

造　　句 那些街头小混混净干些偷鸡摸狗的事情，你可千万不要同他们狼狈为奸。

近 义 词 同流合污　臭味相投

反 义 词 志同道合　情投意合

成语接龙

狼狈为奸 → 奸臣贼子 → ______ → 代人受过 → 过犹不及 → ______ → 乐不思蜀 → 蜀犬吠日 → 日进斗金 → ______

咬文嚼字

"狼狈为奸"与"朋比为奸"的异同

相似点： 都指坏人勾结起来干坏事。

差异性： 狼狈为奸——适用范围较小，指两方或几个人勾结干坏事。
朋比为奸——多指一大批人一起做坏事。

成语故事

据说狼和狈的外形、性情都十分相似。它们的区别在于，狼的两条前腿长，两条后腿短；而狈是两条后腿长，两条前腿短。这两种野兽经常结伴去偷吃农户养的家畜。

有一次，狼和狈一起来到一户农民的羊圈外面。它们知道羊圈里有不少的羊，就打算偷一只来吃。但羊圈又高又坚固，它们跳不进去，也撞不开门，只好停下来商量对策。不一会儿，它们终于想到一个办法：让狼骑在狈的脖子上，狈用两条长长的后腿站立起来，把狼扛得高高的。然后，狼再把两条长长的前腿伸进羊圈，这样就能进去把羊拖走了。

这两种动物经常这样合作，于是人们就把它们这种合伙干坏事的行为称为“狼狈为奸”。

qìng zhú nán shū
罄竹难书

罄南山之竹，书罪未穷；决东海之波，流恶难尽。

——《旧唐书》

成语释义　把竹子用完了都写不完。形容罪行多，难以尽述。罄：尽，完。竹：竹简，即古人用来写字的东西。书：写。

造　　句　书中的这个反派角色暴虐无道，无恶不作，其罪行罄竹难书。

近 义 词　擢发难数　罪行累累

反 义 词　宅心仁厚

成语接龙

罄竹难书 → 书生之见 → [　　] → 事无巨细 → 细枝末节 → 节节败退 → 退避三舍 → 舍近求远 → 远近闻名 → [　　]

咬文嚼字

“罄竹难书”需注意

“罄竹难书”是一个贬义词，对于成就、贡献等这些应该被褒扬的事情，不能用“罄竹难书”来表述。要注意，“用尽所有的竹子也难以写完的”必须是罪行、劣迹、错误之类的事实。

成语故事

隋朝末期，隋炀帝杨广即位。杨广大肆挥霍钱财，建造了许多宫殿和运河，每一项工程都征调了数万至数十万的劳工，使得百姓被沉重的徭役和赋税压得苦不堪言。最终导致全国性的农民起义爆发。

当时，隋朝有个官吏叫李密，他见隋炀帝统治残暴，干脆托病辞官回乡。后来，李密加入反隋大军，成为起义军的首领。他率领军队逼近洛阳时，为了团结来自各方的力量，彻底摧毁隋朝的统治，就写了一篇讨伐杨广的檄文，布告天下。在檄文中，李密细数了杨广祸国殃民的十大罪状，最后还写道："我们用所有南山的竹子做成书简，也写不下杨广的罪行；放出东海滔滔的海水，也洗不清杨广的罪恶。"

文苑

臣每出街，辄见十百成群，泣诉陈庆谦、张汉儒两父子狼狈相倚之恶，罄竹难书。

——张国维

日寇发动侵华战争，已逾五载。罪恶滔天，罄竹难书。

——魏巍

口蜜腹剑的李林甫

唐朝时期，有一个宰相叫李林甫。李林甫出身李氏宗亲，是皇上的亲戚，由于善于巴结逢迎，他很快坐上了宰相的位置。李林甫害怕别人威胁到自己的权力，所以对那些才能功业胜过他，又深得唐玄宗宠信的人十分嫉妒和痛恨。他还想方设法地算计威胁到他地位的官员。

有一次，唐玄宗见兵部侍郎卢绚扬鞭策马，器宇轩昂，对他赞美不已。李林甫担心卢绚被唐玄宗重用，便对卢绚的儿子说："陛下敬重你父亲的名望，现在岭南之地缺乏有能力的官员，有意调任你父亲前去。他如果不愿远赴岭南，就会被贬官。这样还不如去东都洛阳做太子宾客，也算是一个显要的位置。"于是卢绚听从了李林甫的建议，去洛阳任职。后来，唐玄宗有意重新重用被贬出朝廷的严挺之，李林甫担心严挺之影响自己的地位，又对严挺之的弟弟说："陛下十分敬重你哥哥，要是你哥哥上书称得了风疾，请求回京就医，他一定能被允许回到朝中。"严挺之不知是计，就按他的建议上奏，结果李林甫却对唐玄宗提议，给年事已高又患有风疾的严挺之一个闲散官职，好让他安心养病。于是，严挺之被打发到洛阳担任太子詹事。

李林甫还常常算计与他同为宰相的李适之。有一次，李林甫告诉李适之，开采华山的金矿可以充盈国库，但皇帝还不知道。于是，李适之就将华山金矿的事上奏给唐玄宗，唐玄宗听后很高兴，于是便询问李林甫的意见。李林甫自称对此事早已知晓，因为华山是帝王的风水宝地，不宜开凿，才没有提及。唐玄宗听了，认为李适之考虑不周，便逐渐疏远了他。

李林甫表面和善，言语动听，却时时在暗中设计陷害他人。世人都称他是"口有蜜，腹有剑"，成语"口蜜腹剑"就出自这里。

语林小憩

一、成语接龙。

投 鼠 忌 □ 宇 轩 □ 首 挺 □ 怀 大 □ 同 道 □ 情 合 □ 屈 词 穷

思 绪 万 □ 辛 万 □ 中 作 □ 而 忘 □ 老 还 □ 叟 无 □ 善 怕 恶

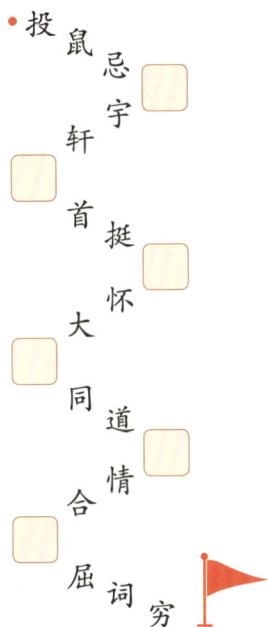

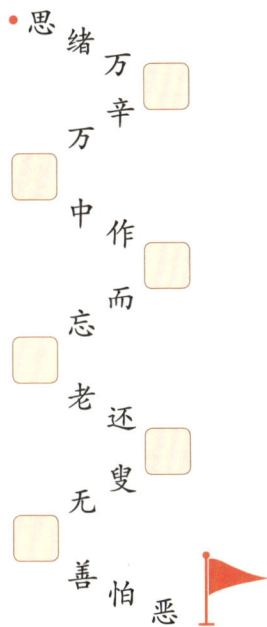

二、按要求把下列成语分类。

罄竹难书　汗牛充栋　恶贯满盈

人才济济　学富五车　硕果累累　浩如烟海

书籍很多：________________

知识很多：________________

收获很多：________________

人才很多：________________

罪行很多：________________

三、在空格里填入一种动物的名称，将成语补充完整。

□狈为奸　　鬼哭□嚎　　如□似虎　　豺□虎豹

zhāo lìng xī gǎi
朝令夕改

勤苦如此，尚复被水旱之灾，急政暴虐，赋敛不时，朝令而暮改。当具有者半贾而卖，亡者取倍称之息，于是有卖田宅鬻子孙以偿责者矣。

——《汉书》

成语释义 早晨发布的命令，晚上就改了。比喻主张和办法经常改变。

造　　句 出台的政策要力求相对稳定，不能朝令夕改。

近 义 词 朝更夕改

找 规 律 朝三暮四　朝思暮想　朝生暮死　朝东暮西

成语接龙

朝令夕改 → ______ → 正中下怀 → 怀古伤今 → 今非昔比 → ______ → 是非之地 → 地广人稀 → 稀奇古怪 → ______

咬文嚼字

“朝令夕改”与“朝秦暮楚”的异同

相似点：都有反复无常的意思。

差异性：朝令夕改——一般指主张、办法、政令经常改变。

朝秦暮楚——通常指人的想法反复无常。

成语故事

西汉时期，有一个人叫晁错。他聪明能干，知识丰富，深得文帝的信任。

文帝统治后期，广大农民愈加受到官僚、地主、商人的剥削，纷纷破产逃亡，困苦不已。为了维护统治，晁错写了《论贵粟疏》给汉文帝，希望压制商人、官僚、地主对农民的盘剥，以维护农业生产的发展。晁错在《论贵粟疏》中表示："一家人种田不过一百亩，收获也不过一百石。春耕、夏耘、秋获、冬藏、采伐薪柴、服徭役等，一年忙到头，根本没有喘息的机会。此外，还有其余的花销，如迎来送往、治病以及养育子女等。农民们十分辛苦，却还要遭受水旱灾害和急征赋税的盘剥。征收那些繁重的赋税也没有固定的时间，早上的规定，到了晚上又变了。这样的情况下，有粮食的农民只好半价出售粮食，没有粮食的只能借利息翻倍的高利贷。最终，他们被迫卖了田宅、子孙用来还债。"

晁错的这篇文章全面论述了重视粮食的必要性，对当时的农业发展有一定的进步意义。

曲突徙薪

qū tū xǐ xīn

臣闻客有过主人者，见其灶直突，傍有积薪，客谓主人，更为曲突，远徙其薪，不者且有火患。主人嘿（mò）（同“默”）然不应。俄而家果失火，邻里共救之，幸而得息。

——《汉书》

成语释义 将直的烟囱改成弯的，移开灶旁的柴禾。本指预防火灾，后比喻先采取措施，防患于未然。曲：使弯曲。突：烟囱。徙：移开。薪：柴。

造　　句 小的疏忽有时会酿成大祸，所以我们要曲突徙薪，防患于未然。

近 义 词 防患未然

反 义 词 临渴掘井

成语接龙

曲突徙薪 → 薪火相传 → 传诵一时 → ＿＿＿ → 来之不易 → 易守难攻 → ＿＿＿ → 地大物博 → 博览群书 → ＿＿＿

咬文嚼字

“曲突徙薪”与“厝火积薪”的异同

相似点： 都有存在隐患的意思。

差异性： 曲突徙薪——指在危机发生前，事先采取措施防范。

厝火积薪——指隐藏着极大的危险，但没有采取任何措施。

成语故事

西汉时期，大将军霍光权倾朝野。有一个叫徐福的人多次上书汉宣帝，希望采取措施压制霍家的势力，但没有被采纳。

霍光死后，他的家人谋反，有人向汉宣帝告发，于是霍家被满门抄斩。汉宣帝奖赏了告发的人，却忘了上书的徐福。有人对汉宣帝说："战国时，齐国人淳于髡去朋友家，见朋友家中的烟囱太直，灶旁还堆满了柴草，就劝朋友说：'你应该把烟囱改成弯的，把柴草搬远些，不然会有火患。'当时朋友没有在意。不久，这个朋友家里果然失火了，幸好有邻居帮忙，才把火灭了。朋友办了酒席答谢邻居的帮助，却忘了当初给他警示的淳于髡。有人对主人说：'今天你论功请帮你的邻居们，怎么能不请那位建议你曲突徙薪的人呢？'这时，这个人才醒悟过来，请来了淳于髡。而徐福曾数次上书请您防止霍氏有变，却没有得到奖赏。"

于是，汉宣帝对徐福大加赏赐。

文苑

当时陈议者恐不止一辥，然曲突徙薪之不赏，自昔然矣。

——叶绍翁

意欲庆过母亲大寿，即潜游各省，熟识山川险要，察探逆竖窟穴，遇便物色未遇英雄，解散奸人党羽，以为曲突徙薪之计。

——夏敬渠

未雨绸缪
wèi yǔ chóu móu

鸱鸮（chī xiāo）（俗称"猫头鹰"）鸱鸮，既取我子，无毁我室。恩斯勤斯，鬻子之闵（病）斯。

迨天之未阴雨，彻彼桑土，绸缪牖（yǒu）户。今女下民，或敢侮予？

——《诗经》

成语释义 趁着天没下雨，先修好房屋门窗。比喻事先做好准备。绸缪：紧密缠缚，引申为修缮。

造　　句 当地政府未雨绸缪，在汛期到来之前做好了防洪的准备工作。

近 义 词 有备无患　防微杜渐

反 义 词 亡羊补牢　临阵磨枪

成语接龙

未雨绸缪 → 谋臣猛将 → 将遇良才 → 才疏学浅 → （　　） → 止于至善 → （　　） → 意气风发 → 发家致富 → （　　）

咬文嚼字

何时需要"未雨绸缪"？

"未雨绸缪"表示事先做好准备，在语义上有"防患于未然"的意思。也就是说，"未雨绸缪"是指为应对坏的事情做准备。比如，在"同学们要未雨绸缪，及早温习功课以迎接考试"这句话中，"迎接考试"并不是坏事，因此不应该用"未雨绸缪"。

成语故事

周武王推翻商朝的统治后，过了两年，就生病去世了。他的儿子周成王即位。当时，周成王还年幼，只能由他的叔父周公代替他处理朝政事务。管叔鲜、蔡叔度等也是周成王的叔父，他们对此极其不满，暗自猜测周公要密谋夺取王位。没过多久，这些野心勃勃的叔父们便与商纣王的儿子武庚勾结，叛国作乱。

周公亲自率领大军讨伐叛军，经过两年的奋战，最终平定了叛乱，诛杀了武庚、管叔鲜，放逐了蔡叔度。后来，周公为此事特意写了寓言诗《鸱鸮》呈给周成王，其中有一句是："迨天之未阴雨，彻彼桑土，绸缪牖户。"就是说要在没下雨的时候，剥下桑根树皮把门窗绑牢。周成王读了这首诗后，对周公更加崇敬了。

chū ěr fǎn ěr

出尔反尔

曾子曰："戒之戒之！出乎尔者，反乎尔者也。"夫民今而后得反之也。君无尤焉！君行仁政，斯民亲其上，死其长矣。

——《孟子》

成语释义 原意是你怎样对待人家，人家就怎样对待你。后指言行前后自相矛盾，反复无常。

造　　句 他经常出尔反尔，所以我不相信他。

近 义 词 反复无常

反 义 词 言行一致

成语接龙

出尔反尔 → 尔虞我诈 → 诈谋奇计 → 计日可待 → [　　　　] → 物是人非 → [　　　　] → 可歌可泣 → 泣不成声 → [　　　　]

咬文嚼字

"出尔反尔"与"反复无常"的异同

相似点： 都有经常变化的含义。

差异性： 出尔反尔——侧重于语言、行为上的前后矛盾。

反复无常——侧重于变化不定，可以形容人的言行，也可以形容现象，且变化不一定存在矛盾。

成语故事

战国时期，邹国和鲁国发生了战争。战场上，邹国的将领被鲁国的将士攻击，但邹国的士兵都不愿意去营救，导致邹国节节败退。邹穆公知道后十分气愤，打算惩治这些士兵，但想不到合适的办法。于是，邹穆公去向孟子请教，孟子对邹穆公说："士兵们不营救这些将领，完全是将领自己的过错。在闹饥荒的时候，您的百姓中，有年老体弱暴尸沟壑的，有年轻力壮四处逃荒的，而您的粮仓和库房却堆得满满的。下面的官吏没有向您汇报百姓的疾苦，您也不去察访民情，因此士兵们才会对您和将领们感到不满。曾子曾说过，'一定要时刻提醒自己啊！你怎样对待他人，他人就会怎样对待你。'现在发生了战争，您的百姓有了报复的机会，才会袖手旁观，不管将领的死活。您还是不要责怪他们了。如果您施行仁政，这些百姓一定会爱戴自己的将领，为他们甘愿牺牲自己。"

文苑

阴阳之理，大抵不异，为善为恶，出尔反尔，天网恢恢，疏而不漏。

——范仲淹

那好。既然你认为容易理解，就说说看：胡杏为什么要出尔反尔——后语不对前言？

——欧阳山

dōng chuāng shì fā

东窗事发

桧遂死。未几，子熺亦死。秦桧夫人思之，设醮，并派方士往阴间看望。秦桧对方士说：“可烦传语夫人，东窗事发矣！”

——《钱塘遗事》

成语释义　指阴谋败露，自食恶果。

造　　句　我们要一心向善，做有益的事，如果损人利己，总有东窗事发的一天。

近 义 词　原形毕露　破绽百出

反 义 词　秘而不宣

成语接龙

东窗事发 → 发愤图强 → ______ → 难解难分 → 分秒必争 → ______ → 胜券在握 → 握手言和 → 和盘托出 → ______

咬文嚼字

“东窗事发”不可乱用！

有人这样写道：“十年来，杭州的王老先生一直资助贫困大学生，本来这件事秘而不宣，但东窗事发，最近他的事迹被一位记者报道了。”这个句子意在夸赞王老先生的美德，但“东窗事发”指阴谋、坏事被发现，含有贬义，和句义相悖，因此用在句中不合适。

成语故事

北宋末年，金兵入侵。奸臣秦桧暗中勾结金人，意欲谋害主张抗战的岳飞。公元1142年，在审理岳飞的案件时，办事的官吏听从秦桧的指示，诬陷岳飞谋反。因为这个重罪，岳飞和他的部下张宪被残忍地杀害，岳飞的长子岳云也不幸被害。

据说，秦桧是在自家的东窗下同妻子王氏策划了陷害岳飞的阴谋。后来，秦桧死了，接着他的儿子秦熺也死了。秦桧的妻子王氏为丈夫超度亡灵，设坛祈祷。施法的方士在祭祀时，看见在阴间的秦熺戴着枷锁，方士问他："太师（秦桧）在哪里呢？"秦熺回答说："太师在丰都的鬼城。"方士前去见秦桧，只见秦桧和杀害岳飞的同谋都戴着枷锁，正被各种刑罚折磨。秦桧对方士说："请转告我的夫人，当初在东窗下策划的阴谋已经暴露了。"

当然，这只是一个传说，不过后人常用"东窗事发"一词来形容阴谋败露。

文苑

跳出个牛头夜叉，只一对七八寸长指弧儿，轻轻的把那撇道儿搭，长舌揸。（末）为甚？（旦）听的是东窗事发。

——汤显祖

我早间见那做娘的打庆奴，晚间押番归，却打发我出门。莫是东窗事发？

——冯梦龙

成语天地

出自《孟子》的成语

寡不敌众：人少的抵挡不住人多的。寡，少。敌，抵挡。众，多。

出处：《孟子·梁惠王上》

造句：敌军寡不敌众，被我军打得落荒而逃。

不违农时：指不违背农作物耕作的时间，适时耕作。

出处：《孟子·梁惠王上》

造句：若要保证农业产量，必须做到不违农时。

春风化雨：适宜于万物生长的风雨。比喻良好的教育和适宜的环境。化，化生和养育。

出处：《孟子·尽心上》

造句：老师对我们的教导，如春风化雨般滋润着我们的心田。

独善其身：原意是不得志的时候也要注意自身的修养。现指只顾自己，不管别人或全局。善，使完善。

出处：《孟子·尽心上》

造句：面对这场争议，很多公众人物选择了独善其身。

不言而喻：不用说就能明白。形容道理很浅显。喻，了解，明白。

出处：《孟子·尽心上》

造句：珍惜时间，好好学习，这个道理是不言而喻的。

赤子之心：像刚出生的婴儿那样纯洁善良的心。赤子，初生的婴儿。

出处：《孟子·离娄下》

造句：他怀着一颗赤子之心，放弃优厚的待遇，回到了祖国。

杯水车薪：用一杯水去救一车着火的柴草。比喻力量太小，解决不了问题。

出处：《孟子·告子上》

造句：久旱成灾，这场雨只是杯水车薪，根本无法解决灾情。

语林小憩

一、请补全下列成语，并找找规律。

□作□当	出□反□
□威□福	得□且□
□声□色	不□装□
□言□语	大□特□

二、根据提示，写出成语。

1. 秦桧　　冤案　　阴谋败露　　岳飞

   成语：________________

2. 不好的事　　下雨　　《诗经》　　修好房屋

   成语：________________

3. 想法　　秦国和楚国　　摇摆不定　　贬义词

   成语：________________

三、请从下面的汉字宫格中识别出一句古诗。

僧	多	粥	少	空	穴	来	风
未	雨	绸	缪	春	和	景	明
夜	深	人	静	鸟	啼	花	落
泣	不	成	声	一	知	半	解

古诗：________________________

管中窥豹
guǎn zhōng kuī bào

献之字子敬。少有盛名，而高迈不羁(jī)，虽闲居终日，容止不怠，风流为一时之冠。年数岁，尝观门生樗蒱(chū pú)（古时博戏名），曰："南风不竞。"门生曰："此郎亦管中窥豹，时见一班（同"斑"）。"

——《晋书》

成语释义 从管子里看豹。比喻见识狭小，看得不全面。窥：从小孔或缝隙里看。

造　　句 我们看问题不能管中窥豹，只看到事物的一部分。

近 义 词 管窥虎豹　以管窥豹

反 义 词 洞若观火　一目了然

成语接龙

管中窥豹→豹头环眼→眼高手低→______→气宇轩昂→昂首挺胸→______→志存高远→远近闻名→______

咬文嚼字

"管中窥豹"与"见微知著"的异同

相似点： 都可以指从微小的方面推知全貌。

差异性： 管中窥豹——比喻从观察的一部分去推测全貌，含贬义。
见微知著——指看事物的苗头就能知道它的实质和趋势，含褒义。

成语故事

王献之是东晋时期著名书法家王羲之的儿子，从小聪明过人，深得王羲之的喜爱。王献之凭借自己的勤奋以及父亲的精心指导，在少年时期就享有盛名。他性情豪放，洒脱不羁，但对自己的仪容举止、品德修养却十分讲究，从不马虎。

有一次，王献之家的门生在一起玩骰子，王献之也来“观战”。随后，站在一旁的他对战局发表了自己的看法，说：“南风不强。”他的意思是两方中的一方技术不高，必然会失败。一位门生听了，说：“这孩子只是从竹管中看豹子，仅仅看到一个斑点罢了。”王献之听后很生气，随即甩甩袖子离开了。

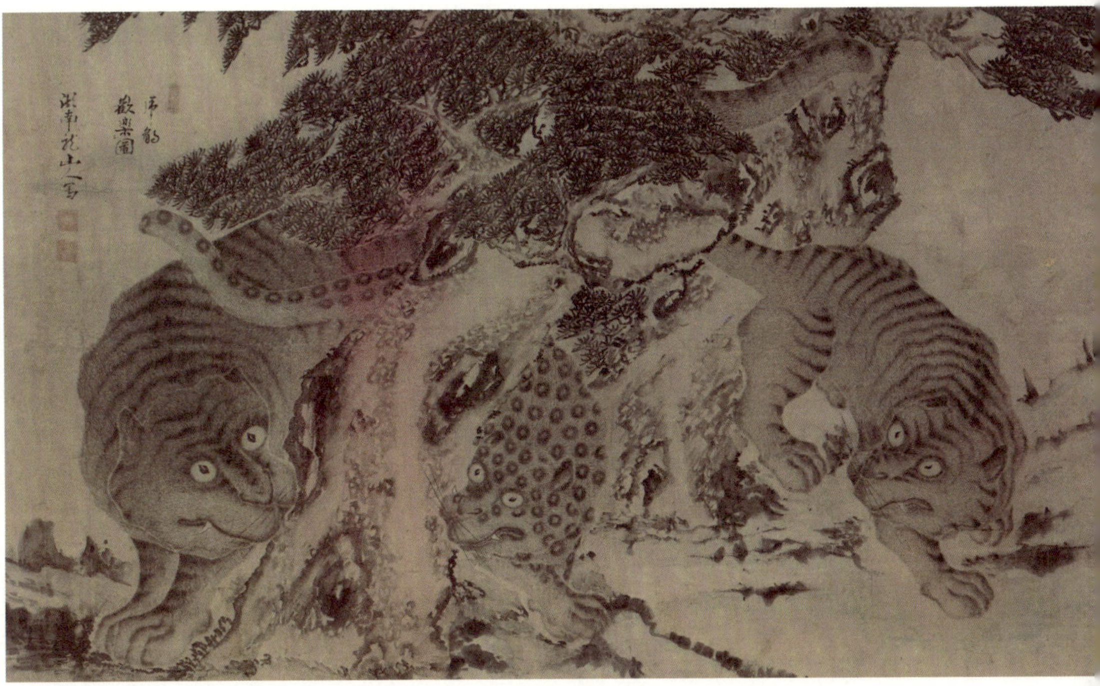

zǒu mǎ kàn huā

走马看花

昔日龌龊不足夸，今朝放荡思无涯。
（处境不如意）
春风得意马蹄疾，一日看尽长安花。

——《登科后》

成语释义 骑马欣赏春光。比喻大略地观察，不够深入细致。走马：骑马快跑。

造　　句 来参观的人太多了，我只能走马看花地看一下。

近 义 词 浮光掠影　浅尝辄止

反 义 词 入木三分　下马看花

成语接龙

走马看花 → ______ → 展翅高飞 → 飞黄腾达 → 达官贵人 → 人人自危 → 危言耸听 → ______ → 命在旦夕 → ______

咬文嚼字

“走马看花”与“浮光掠影”的异同

相似点： 都指对事物观察不仔细。

差异性： 走马看花——比喻粗略地观察事物，强调过程。
浮光掠影——指给人的印象不深刻，强调结果。

成语故事

孟郊是唐朝有名的诗人，为考取功名，他多次参加科举考试，考了两次都没有考中进士。后来，他在四十六岁时终于如愿高中进士。当时，放榜的时候正好是春天，京城长安一派花团锦簇，街上欣赏美好春光的人络绎不绝。心情大好的孟郊骑着快马，迎着春风，畅快地四处游览，尽情地观赏长安的美景。

考中进士又恰逢春天到来，孟郊难以掩饰内心的得意和喜悦，于是赋诗一首："昔日龌龊不足夸，今朝放荡思无涯。春风得意马蹄疾，一日看尽长安花。"以此来抒发自己志得意满的畅快心情。

mù wú quán niú

目无全牛

臣之所好者道也，进乎技矣。始臣之解牛之时，所见无非牛者；三年之后，未尝见全牛也。方今之时，臣以神遇而不以目视，官知止而神欲行。

——《庄子》

成语释义 比喻技艺高超，也形容洞察事理，做事精熟。

造　　句 他对这项工作已经十分熟练，达到了目无全牛的境界。

近 义 词 出神入化　炉火纯青

反 义 词 一窍不通

成语接龙

目无全牛 → 牛高马大 → 大有可观 → 观者如云 → ______ → 方正不阿 → 阿谀奉承 → ______ → 下不为例 → ______

咬文嚼字

何时能用“目无全牛”？

有人这样写道：“各部门都要有全局观念，那种目无全牛而忽视整体利益的做法是不可取的。”句中的“目无全牛”被误解为“没有全局观念或看不到整体”，与原义偏离，使用不恰当。这个成语是褒义词，不能误用作贬义词。

成语故事

战国时期，有个技术高超的厨师，名叫庖丁。有一次，他为梁惠王宰牛，梁惠王问他宰牛的技术是如何做到这么高超的。

庖丁回答说：“我看重的是解牛的规律。刚开始学习宰牛时，我的眼睛看到的是整头牛。三年后看到的就不是整头牛了，而是牛的全身结构。我现在不用眼睛看，只用精神去感知。按照牛体的结构，我从大的空隙入刀，再顺着骨节缝隙运刀，就不会碰到脉络相连的地方和那些附在骨头上的筋肉，更不要说大骨头了！好的厨师用刀割肉，需要一年换一把刀；一般的厨师用刀砍断骨头，需要一月换一把刀。而我的这把刀用了十九年了，却刀刃如新。牛的骨节有间隙，而刀刃很薄，运刀时有充足的空间。因此，我这把刀的刀刃现在还像刚磨成的一样。但是，即便如此，在筋骨交结的地方，我也会十分谨慎，稳妥运刀。这样，整头牛骨肉相离，牛肉就如土块一般散落。我就能心满意足地把刀擦干净，收起来。”

梁惠王听了之后很是赞赏，认为自己学到了修身之道。

bēi gōng shé yǐng

杯弓蛇影

尝有亲客，久阔不复来，广问其故，答曰：“前在坐，蒙赐酒，方欲饮，见杯中有蛇，意甚恶之，既饮而疾。”于时河南听事壁上有角，漆画作蛇，广意杯中蛇即角影也。

——《晋书》

成语释义 把酒杯中弓的影子当成了蛇。比喻疑神疑鬼，自相惊扰。

造　　句 他大概是被吓怕了，杯弓蛇影的，看到什么东西都很恐慌。

近 义 词 草木皆兵　疑神疑鬼　风声鹤唳　惊弓之鸟

反 义 词 处之泰然　安之若素　谈笑自若

成语接龙

杯弓蛇影 → 影只形单 → ______ → 马到成功 → 功名富贵 → 贵人多忘 → 忘乎其形 → ______ → 设身处地 → ______

咬文嚼字

“杯弓蛇影”应如何用？

有人这样写道：“那些人说的都是杯弓蛇影，纯属无中生有，完全不符合事实。”“杯弓蛇影”比喻因疑神疑鬼而引起恐惧，并不表示“无中生有”，用在此句中不恰当。这个成语在句中一般作谓语、定语，不作宾语，多含贬义。

成语故事

西晋时期，有个叫乐广的人在河南担任府尹的官职。乐广有个好友叫杜宣，经常来他家里喝酒。有段时间，乐广发现杜宣很久没有来自己家喝酒了，于是前去看望他。

乐广去探望后才发现，杜宣得了重病躺在床上。乐广问起病因，杜宣说："上次在你家喝酒，发现酒杯里有条小蛇，虽然十分厌恶，但碍于情面，勉强喝下了那杯酒，结果回来就生病了。"

乐广回家后，一直想着这件事。他来到厅堂，当他抬头看见墙上挂着的一张角弓时，想到那天喝酒的地方正是在这，他一下子明白过来。于是，他把杜宣请到家里，又在上次喝酒的地方放上一杯酒。乐广让杜宣看杯中是否有小蛇，杜宣看后说："和上次看见的一样。"乐广大笑着指了指墙壁上的角弓，告诉杜宣那就是杯中的"小蛇"。杜宣恍然大悟，原来"蛇"是角弓的影子！后来，他的病很快就好了。

一叶障目，不见泰山

yí yè zhàng mù, bú jiàn tài shān

昔者有道之取政，非于耳目也。夫耳之主听，目之主明。一叶蔽目，不见太山；两豆塞耳，不闻雷霆。

——《鹖冠子》

成语释义　比喻被局部、表面的现象所蒙蔽，看不到事物的全局或本质。也作“一叶障目”。

造　　句　面对当前复杂的世界形势，我们要全面地看待，不要一叶障目，不见泰山。

近 义 词　以偏概全　只见树木，不见森林

反 义 词　洞若观火　明察秋毫

成语接龙

一叶障目，不见泰山 → [　　　　] → 秀外慧中 → 中庸之道 → 道不拾遗 → 遗世独立 → [　　　　] → 罪魁祸首 → [　　　　]

咬文嚼字

“一叶”的差距有多大？

在成语“一叶障目”中，一片叶子便让人看不到外面的广阔世界，形容被局部或暂时的现象所迷惑。而成语“一叶知秋”中的“一叶”，却能让人从一片树叶的掉落知道秋天的到来，通过个别细微之处，看到整个形势的发展和结果。

成语故事

从前，楚地有一个迂腐的穷书生，整日无所事事，只想着发歪门邪道之财。

有一天，他从《淮南子》中读到，螳螂会躲在树叶后面，不被蝉发现，然后轻而易举地捕获蝉。书生想：螳螂用树叶遮蔽身体，蝉就看不见螳螂，那我用遮蔽螳螂的树叶遮住身体，别人就看不见我了！然后，他就去找遮蔽螳螂的树叶。好不容易找到一片却不小心掉到一堆落叶中，书生于是把一堆树叶带回家，一片一片地试验。

他拿起一片树叶挡在自己的眼前，问妻子能不能看见自己。刚开始，妻子如实说看得见。后来，书生不厌其烦地拿树叶遮在眼前，不停地问妻子是否看得见他。妻子被问烦了，就骗他说看不见。书生信以为真。第二天，书生拿着这片树叶来到集市，一手把树叶遮在眼前，一手去拿货摊的货品。准备离开时，书生被商贩抓住送到了官府。

县官问书生为什么拿别人的货品，书生就把事情的经过说了一遍。县官听后，笑得前仰后合。

寻找骆驼的启发

在荒漠中，一个商人正在寻找他走失的一头骆驼，他找了很久，依然不见骆驼的踪影。他向一个在沙丘旁休息的人问道：“请问，你是否见过一头走失的骆驼？”

那人没有回答他的问题，反问道：“你的那头骆驼是不是瘸了一条腿，瞎了一只眼睛，背上驮着谷子？”商人听了，高兴地问：“你见过我的骆驼？”

路人回答：“我没有见到你的骆驼，刚才说的那些特征都是我的猜测罢了。”商人不相信路人的话，因为那些特征描述的确实就是自己走失的骆驼。

“没见过，哪能猜得那么准，难道这个人偷走了我的骆驼？”商人在心里暗暗揣测，于是又问：“你说得这么清楚，证明你一定见过我的骆驼，请你告诉我它在哪里。”路人还是声称自己从未见过那头骆驼，但可以推测出它是往哪个方向走的。商人心里更加怀疑是他偷的了。两人争执不下，商人就拉着路人去见法官。

一开始，法官也认为商人的怀疑有道理，因为没有见到那头骆驼的人不可能对它了解得如此详细。路人只好带他们来到发现骆驼足迹的地方，详细地解释了自己的推测：“那头骆驼的脚印有三个一样深，有一个明显比较浅，说明那头骆驼很可能瘸了一条腿；路两边那些细嫩的小草，有一边被啃光了，而另一边却完好无损，说明那头骆驼有一侧的眼睛看不到东西；至于骆驼背上驮的东西，看散落在路两边的细碎谷子就能知道了。”然后，路人又对商人说：“观察骆驼的脚印，它的前脚一直朝西，应该是边吃边走。看来，它很可能会朝西一直慢慢走下去。你顺着这条路朝西走，不用太远，就能找到你的骆驼了。”商人果然很快找到了自己的骆驼。

这个故事告诉我们：聪明的人能一叶知秋，愚钝的人往往是一叶障目。他们的根本区别是能否敏锐地观察细节，从微小的事物中看到大局。

语林小憩

一、猜谜语。

1. 丑态观不尽。（打一成语）

谜底：

2. 行千里访木兰。（打一成语）

谜底：

二、请在空格中填入带有“看”的含义的字，将成语补充完整。

□微知著	一□同仁
管中□豹	袖手旁□
□破红尘	目□口呆
喜出□外	熟□无睹

三、选择合适的成语填在方框里。

一叶障目，不见泰山　杯弓蛇影

一叶知秋　浮光掠影　走马看花

1. 虽然这是件小事，但能＿＿＿＿，反映出很多被忽略的关键问题。

2. 考古研究不比游山玩水，＿＿＿＿所得的内容恐怕没有什么价值。

3. 大伙儿一起走夜路，只有他＿＿＿＿，吓出了一身汗。

lì néng gāng dǐng
力能扛鼎

秦始皇帝游会稽，渡浙江，梁与籍俱观。籍曰：“彼可取而代也。”梁掩其口，曰：“毋妄言，族矣！”梁以此奇籍。籍长八尺余，力能扛鼎，才气过人，虽吴中子弟皆已惮籍矣。

——《史记》

成语释义 力量能举起鼎。形容力气很大。扛：举。

造　句 那位白发苍苍的老人年轻时可是一个力能扛鼎的举重运动员。

近 义 词 拔山超海　孔武有力

反 义 词 软弱无力　手无缚鸡之力

成语接龙

力能扛鼎 → 鼎力相助 → ______ → 乐极生悲 → 悲痛欲绝 → 绝处逢生 → 生不逢时 → ______ → 转瞬即逝 → ______

咬文嚼字

力能扛（gāng）鼎，还是力能扛（káng）鼎？

扛
- káng 是用肩膀承担物体的意思；口语中，也表示支撑或忍耐的意思。
- gāng 有用两手举重物的含义；方言中，则是抬东西的意思。

↓

扛鼎：用两手举起重量很大的鼎。

成语故事

项羽少年时期就不喜欢读书，学习武艺也坚持不了几天，因此他的叔父项梁很生气，而项羽说：“学习写字，只能记记自己的姓名；学习剑术，也只能和一人对敌，有什么可学的。要学就应该学战胜万人的本领。”于是，项梁开始教他兵法，结果项羽只学了点皮毛，就不愿意学了。

秦始皇游览会稽郡，渡船经过浙江时，项梁和项羽一块儿去观看。项羽说：“那个人，我能取代他！”项梁吓得赶忙捂住他的嘴，让他不要胡说，否则有被满门抄斩的危险。不过项梁这次从项羽的话中感觉到了他的与众不同。项羽虽然不爱学习，但身材高大，臂力过人，能轻松举起很重的鼎，而且他才气过人，十分聪明。项羽和叔父在吴地避难的时候，当地的青年人都很怕他。

之后，陈胜、吴广起义，各地义军也逐渐崛起。项羽跟随叔父率军起义，他凭借自己的勇气和谋略在战争中大放异彩，扩大自己的势力，并成了不可或缺的义军首领。

文苑

至素臣为人，虽似文弱书生，而力能扛鼎，气可食牛。

——夏敬渠

我不是奇人，我不是你们印象里的那个『力能扛鼎』的大力士，我的身高也没有八尺，非但不是，我自觉修长而挺拔的身材还散发着几分文气。

——杜光庭

chē zài dǒu liáng

车载斗量

（帝）又曰："吴难魏不？"咨曰："带甲百万，江、汉为池，何难之有？"又曰："吴如大夫者几人？"咨曰："聪明特达者八九十人，如臣之比，车载斗量，不可胜数。"

——《三国志》（裴松之注）

成语释义 用车装，用斗量。形容数量非常多。载：装载。

造　　句 自从这儿被开发后，来旅游的人车载斗量。

近 义 词 不可胜数　数不胜数

反 义 词 凤毛麟角

成语接龙

车载斗量 → 良苦用心 → 心想事成 → [　　] → 千古一人 → 人各有志 → [　　] → 满腹狐疑 → 疑神疑鬼 → [　　]

咬文嚼字

"车载（zǎi）斗量"，还是"车载（zài）斗量"？

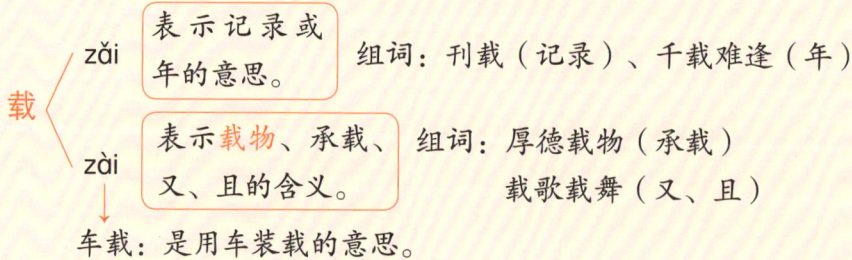

载
- zǎi：表示记录或年的意思。组词：刊载（记录）、千载难逢（年）
- zài：表示载物、承载、又、且的含义。组词：厚德载物（承载）　载歌载舞（又、且）

车载：是用车装载的意思。

成语故事

三国时期，吴国有一个叫赵咨的人。他聪慧机敏，很有辩才。孙权当权后，赵咨被提拔为中大夫。

有一次，赵咨出使魏国。魏文帝曹丕对赵咨的才能早有耳闻，想考验一下赵咨，便问："吴王孙权很有学问吗？"赵咨回答："吴王任用贤能，励精图治，他博览群书，汲取其中最精华的知识，不像迂腐的书生只会寻章摘句、死抠书本。"曹丕问道："吴国能被征服吧？"赵咨回答："您的国家是大国，有征讨别国的强大军队。吴国是小国，自然也有抵御入侵的强大防御。"曹丕又问道："吴国害怕魏国吗？"赵咨回答："吴国有雄兵百万，在地势上有长江、汉水为屏障，这样看来，魏国还有什么可怕的呢？"曹丕又问："在吴国，像您这样的人才，有几个呢？"赵咨回答："特别聪慧的，吴国有八九十个；像我这样的，用车载不完，用斗量不尽，数也数不清。"曹丕听了，十分欣赏赵咨。

dǎn dà rú dǒu
胆大如斗

魏将士愤怒，杀会及维，维妻子皆伏诛。

——《三国志》

世语曰：维死时见剖，胆如升大。

——《三国志》（裴松之注）

成语释义　形容胆量很大。斗：旧时的一种量器，容量为十升。

造　　句　蜀将赵子龙是一个胆大如斗的人。

近 义 词　浑身是胆　胆大包天

反 义 词　胆小如鼠　胆小怕事

成语接龙

胆大如斗 → 斗折蛇行 → [　　　　] → 义不容辞 → 辞旧迎新 → 新仇旧恨 → [　　　　] → 骨肉情深 → 深居简出 → [　　　　]

咬文嚼字

"胆大如斗"与"胆大包天"的异同

相似点：都形容胆子很大。

差异性：胆大如斗——表示胆量很大，是中性词。

胆大包天——形容胆子极大，多用于贬义。

成语故事

三国时期，蜀汉有个叫姜维的人。他很有才干，因此受到诸葛亮的重用，担任大将军的官职。诸葛亮去世后，姜维多次统率蜀军讨伐魏国，都没有取得胜利。公元263年，魏国大军进攻蜀国，面对强敌，姜维选择放弃阴平而退守剑阁，对抗魏将钟会。钟会劝说姜维投降，但姜维没有屈服。可是，此时的蜀后主刘禅投降了，姜维只好也跟着投降了。

钟会对待姜维非常友善。两个人经常同乘一辆车，同坐一张席。钟会还时常向别人夸赞姜维。后来，钟会计划反叛魏国，姜维认为这是一个复兴蜀汉的机会，于是假意帮钟会出谋划策。不料，这件事很快就败露了。钟会、姜维以及姜维的家人都被魏军将士杀死了。

姜维死后，魏兵剖开他的肚子，看到他的胆像斗一般大。

文苑

有一个黄汉升猛似彪，有一个赵子龙胆大如斗。

——关汉卿

我虽然没有在你的手下混过，可是我常听人们谈到你是『胆大如斗，心细如发』。要不是这样，你闯王也不会成这么大的气候。

——姚雪垠

wàng yáng xīng tàn

望洋兴叹

于是河伯始旋其面目，望洋向若，而叹，曰："野语有之曰'闻道百，以为莫己若'者，我之谓也！"

——《庄子》

成语释义 在伟大的事物面前感叹自己的渺小。多比喻做事时因力不胜任或没有条件而感到无可奈何。

造　　句 他本想去听那位享誉世界的演奏家的音乐会，可票价却让他望洋兴叹。

近 义 词 无可奈何　无能为力

反 义 词 目空一切　妄自尊大

成语接龙

望洋兴叹 → [　　　] → 止于至善 → 善罢甘休 → 休养生息 → 息息相关 → [　　　] → 吉星高照 → 照本宣科 → [　　　]

咬文嚼字

"望着大洋"叹息？

很多人对"望洋兴叹"这个成语的理解是这样的：望着广阔无垠的海洋，叹息自己的渺小。这样的理解是错误的！"望洋"是一个联绵词，不能拆开，其表达的意思是"仰视的样子"。

成语故事

当秋天到来的时候，千百条河流都向黄河奔去，注入滚滚波涛之中。黄河之水浩瀚地流向远方，河面之大，分辨不出牛马的体形。这样雄壮的场景，让河伯（黄河之神）按捺不住内心的欣喜，自以为天下的美景全都到了自己这里。

河伯顺着水流一直向东走，来到了北海（今为渤海）。他向东眺望，根本看不到水流的尽头。这时，河伯忽然换了一副神态，对北海之神感慨道："俗语说，'听了上百条道理，就自以为知道了很多道理，没人能比得上自己了'。这话说的就是我呀。而且，我曾经还听说有人贬低仲尼的学识，轻视伯夷的节义，一开始我还不相信。现在，看到你的浩瀚无边，我才意识到，如果不来到你的面前，我肯定会永远被有见识的人耻笑的。"

jiǔ niú yì máo
九牛一毛

假令仆伏法受诛，若九牛亡一毛，与蝼蚁何异？而世又不与能死节者比，特以为智穷罪极，不能自免，卒就死耳。何也？素所自树立使然。

——《汉书》

成语释义　九头牛身上失掉一根毛，微不足道。形容数量极少或无足轻重。

造　　句　藏书阁里的书还有很多，你看到的只是九牛一毛。

近 义 词　沧海一粟　太仓一粟

反 义 词　不计其数　数不胜数

成语接龙

九牛一毛 → （　　） → 脚踏实地 → 地利人和 → 和气生财 → 财大气粗 → （　　） → 叶落归根 → 根深蒂固 → （　　）

咬文嚼字

“九牛一毛”与“沧海一粟”的异同

相似点： 都有表示数量少的意思。

差异性： 九牛一毛——强调大数量中的一点，主要用于多和少的比较，偏具象。

沧海一粟——着重强调渺小，主要用于宏大与微小的比较，偏抽象。

成语故事

西汉时期，汉武帝听说将军李陵带领的军队士气旺盛，攻入了匈奴的国境，十分高兴，于是很多谄媚的大臣都进言称皇帝善用人才。后来，李陵战败投降，汉武帝很生气，那些大臣又反过来责骂李陵失职无能。汉武帝问司马迁对李陵的看法。司马迁直率地称赞：“李陵用区区五千步兵对抗匈奴八万骑兵，还杀伤敌方一万多人。最后因为物资用尽，归路被截，才不得已投降，他是一位了不起的将军。”司马迁不仅为李陵辩护，还讽刺了汉武帝的近亲李广利进攻匈奴时的庸碌无功，因此遭到牢狱之灾。

第二年，汉武帝又误听李陵为匈奴练兵的事，就杀了李陵的家人。司马迁也受到牵连，被施以残酷的“腐刑”。备受摧残的司马迁感到万分痛苦，想用自杀了结生命，但他想到，自己这样低微的人死去，在富贵的人眼中，不过是“九牛亡一毛”，既得不到同情，还会惹人耻笑。于是他决心忍受耻辱，勇敢地活下去，最终完成了著名的《史记》。

那些“极小”和“极大”的成语

鸿篇巨制： 指规模宏大的著作。鸿，大。

造句：周末的闲暇时光，她会读一些短小精悍的文章，对鸿篇巨制倒是没有兴趣。

不世之功： 指非凡的功劳。不世，不是每代都有的，即少有、非凡。

造句：植树造林建起绿色长城，对防沙护田有不世之功。

叱咤风云： 一声怒喝可以使风云翻腾起来。形容威力极大。

造句：那位白发苍苍的老人，年轻时在我们那里可是一位叱咤风云的厉害人物。

弥天大罪： 指极大的罪过。弥天，满天。

造句：我父母当时对我的态度就像是我犯了弥天大罪似的。

微乎其微： 形容非常小或非常少。

造句：和宇宙相比，我们真是微乎其微的存在。

立锥之地： 形容极小的一块地方，也指极小的安身之处。

造句：这场盛大的演唱会吸引了无数的歌迷，整个会场几乎没有立锥之地。

一星半点： 形容很少的一点。

造句：对这本著作，我也只了解了一星半点。

秋毫之末： 鸟兽在秋天新长的细毛的尖端。比喻极微小的东西或极细微的地方。

造句：他具有敏锐的观察力，哪怕是秋毫之末也能看得一清二楚。

语林小憩

一、请在下面的方框中填上数字。

□石□鸟　　□牛□毛

□全□美　　□上□下

□花□门　　□光□色

□面□方　　□心□意

二、为下列成语中加点的字找到正确的读音并连线。

zǎi　　zài　　gāng　　káng　　xīn　　xīng

力能扛鼎　　车载斗量　　千载难逢　　望洋兴叹

三、将下面的成语进行分类。

胆大如斗　不世之功　弥天大罪　胆小如鼠
微乎其微　一星半点　胆大包天　立锥之地

极大：____________________

极小：____________________

fù jīng qǐng zuì
负荆请罪

廉颇闻之，肉袒负荆，因宾客至蔺相如门谢罪，曰："鄙贱之人，不知将军宽之至此也！"卒相与欢，为刎颈之交。

——《史记》

成语释义 背着荆条请罪。指向人认错，赔礼道歉。负：背着。荆：荆条。

造　　句 冒犯了别人就要道歉，哪怕负荆请罪也是应该的。

近 义 词 引咎自责

反 义 词 兴师问罪

成语接龙

负荆请罪 → 罪有应得 → ______ → 手到擒来 → 来日方长 → 长话短说 → ______ → 四海为家 → 家喻户晓 → ______

咬文嚼字

"负"的多种含义

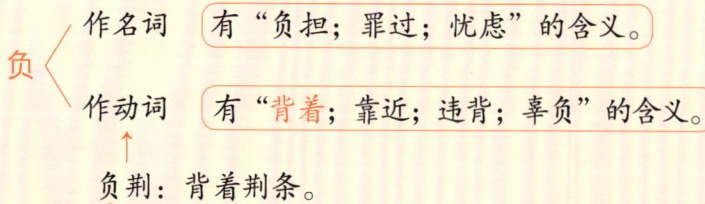

负
- 作名词：有"负担；罪过；忧虑"的含义。
- 作动词：有"背着；靠近；违背；辜负"的含义。
  ↑
  负荆：背着荆条。

成语故事

战国时期，赵国有个人叫蔺相如。他屡立大功，被拜为上卿。当时，大将廉颇早于蔺相如被拜为上卿，但在朝会时他的位次在蔺相如之下，这让廉颇很不满，宣称要当众羞辱蔺相如。蔺相如听说后，尽量避免和廉颇会面，甚至称病不去朝会。有一次，蔺相如乘车外出，看见廉颇后就命人引车回避。蔺相如的门客们看不下去了，都来规劝蔺相如。

蔺相如听了他们的话，回应说："面对横暴的秦王，我都敢在秦廷当众呵斥他，羞辱他的大臣。难道还会怕廉将军吗？我是考虑到秦国不敢进犯赵国，正是因为赵国有廉颇和我二人在。两虎相斗，必有一伤。我是为了国家的利益而处处忍让，并不是怕廉将军啊。"这些话传到廉颇那里，让廉颇感到很羞愧。于是，廉颇解衣露膊，背着荆杖，来到蔺相如面前请罪，他说："我是一个粗鄙的人，没想到你如此宽容大度啊！"从此，两人和好，成为至交。

文苑

老丞相，是李圭不是，今来负荆请罪。

——王实甫

倘使他到兄弟这里，兄弟自当力为排解，叫他到贵署去负荆请罪。

——吴趼人

sān gù máo lú
三顾茅庐

徐庶见先主，先主器之，谓先主曰："诸葛孔明者，卧龙也，将军岂愿见之乎？"先主曰："君与俱来。"庶曰："此人可就见，不可屈致也。将军宜枉驾顾之。"由是先主遂诣亮，凡三往，乃见。

——《三国志》

成语释义　比喻真心诚意地再三邀请。顾：拜访。茅庐：草屋。

造　　句　他三顾茅庐，终于请到老教授为他指点迷津。

近 义 词　礼贤下士

反 义 词　妄自尊大

成语接龙

三顾茅庐 → 庐山真面 → 面如桃花 → 花容月貌 → [　　　] → 离经叛道 → 道听途说 → [　　　] → 二三其德 → [　　　]

咬文嚼字

芦苇盖的草房子？

芦，通常表示芦苇。芦苇，是一种生长在水边的草本植物，所以"芦"是草字头。茅，指茅草一类的植物；庐，通常指简陋的房屋。因此，"茅庐"指用茅草建成的简陋的屋子，所以注意不要把"三顾茅庐"中的"庐"写成"芦"。

成语故事

诸葛亮是三国时期的政治家、军事家。早年，他在隆中（今湖北襄阳西）隐居，耕种田地。他身材高大，常将自己和春秋时的名臣管仲和战国时的名将乐毅相比。当时，人们都觉得他狂妄自大，只有徐庶认为诸葛亮确实有像管仲、乐毅一样非凡的才智。

当时，刘备在新野（今河南省新野县）驻军防守。徐庶去拜见刘备，得到了刘备的赏识。徐庶借机向刘备推荐诸葛亮，说："诸葛亮这个人，就如同一条潜伏的巨龙，您想见见他吗？"刘备说："请他和您一起来吧？"徐庶回答说："这个人，只能您去拜访他，不能让他来拜见您。还请将军去拜访他为好。"于是，刘备亲自前往拜访诸葛亮，但直到第三次才见到他。之后刘备与诸葛亮相谈甚欢，最后刘备将诸葛亮请出山来帮助自己。

wán bì guī zhào

完璧归赵

王曰："谁可使者？"相如曰："王必无人，臣愿奉璧往使。城入赵而璧留秦；城不入，臣请完璧归赵。"赵王于是遂遣相如奉璧西入秦。

——《史记》

成语释义　比喻将原物完好无缺地归还主人。完：完整。

造　　句　这本书我看完了，现在我把它完璧归赵，请你查收。

近 义 词　物归原主

反 义 词　巧取豪夺

成语接龙

完璧归赵 → 赵礼让肥 → ____ → 耳聪目明 → 明知故问 → 问心有愧 → 愧不敢当 → ____ → 迷途知返 → ____

咬文嚼字

"壁"不同于"璧"

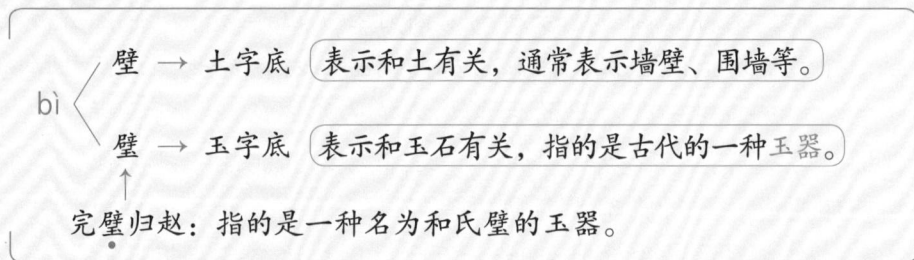

bì
- 壁 → 土字底　表示和土有关，通常表示墙壁、围墙等。
- 璧 → 玉字底　表示和玉石有关，指的是古代的一种玉器。

完璧归赵：指的是一种名为和氏璧的玉器。

成语故事

战国时期，秦昭王听说赵惠文王得到了有名的和氏璧，就想用十五座城池换取这块宝贝。赵王和大臣们商量后，认为即使把和氏璧给了秦国，也得不到承诺的十五座城池，可不给的话，秦国又会借机攻打赵国。怎样才能妥善处理这个难题呢？这时，有人向赵王推荐了蔺相如。于是，赵王召见蔺相如询问他对此事的看法。蔺相如权衡利弊得失，认为秦强赵弱，不能不答应秦国以城换璧的要求。

赵王问："那派谁出使秦国呢？"蔺相如答道："如果您确实没有合适的人选，我愿意护送此璧出使秦国。到时候若秦国把十五座城池给了赵国，我就按约定把和氏璧留下。要是赵国拿不到十五座城池，我一定把和氏璧完好地带回赵国。"于是，赵王便派蔺相如带着和氏璧出使秦国。

秦王见过和氏璧后，果然没有以城换璧的诚意。蔺相如勇敢地守住了和氏璧，最终让和氏璧回到了赵国。

闻鸡起舞
wén jī qǐ wǔ

与司空刘琨俱为司州主簿，情好绸缪（亲近），共被同寝。中夜闻荒鸡鸣，蹴（cù）琨觉曰："此非恶声也。"因起舞。

——《晋书》

成语释义　一听见鸡叫就起床开始练剑。比喻抓紧时间不懈努力。

造　　句　祖逖闻鸡起舞，发愤图强，最终成为国家的栋梁之材。

近 义 词　自强不息

反 义 词　自暴自弃

成语接龙

闻鸡起舞 → 舞文弄墨 → 墨守成规 → 规行矩步 → ______ → 营私舞弊 → 弊衣箪食 → ______ → 腹背受敌 → ______

咬文嚼字

何时"鸡鸣"

在古代的十二时辰中，有夜半、鸡鸣、平旦、日出、食时、隅中、日中、日昳、晡时、日入、黄昏、人定。其中，"鸡鸣"别称荒鸡，有鸡叫的意思。在十二时辰中，它指夜半之后、平旦以前的那一个时段，也就是凌晨的1~3时，在十二地支中称为丑时。

成语故事

东晋时期，有一个人名叫祖逖。祖逖直到十四五岁，都还没有读书，但是他性情豁达、豪放，又经常轻财仗义，因此也得到了同乡人的敬重。后来，祖逖下定决心勤奋苦读，周围的人都认为他有济世之才。

祖逖和司空刘琨都担任过司州主簿，他们两人的感情非常深厚，如影随形，关系好到经常盖一床被子睡觉。有一天半夜，附近有只鸡突然叫了起来。当时有个迷信的说法，在半夜鸣叫的鸡为荒鸡，如果听到了荒鸡的叫声便代表不祥。可是，祖逖听到荒鸡的叫声后，却把一旁的刘琨踢醒了，还说："这不是不祥的声音。"然后，两人每天鸡叫后就起床练习舞剑。经过长时间的训练，他们都成了文武双全的人才。

一鼓作气
yì gǔ zuò qì

既克，公问其故。对曰："夫战，勇气也。一鼓作气，再而衰，三而竭。彼竭我盈，故克之。夫大国，难测也，惧有伏焉。吾视其辙乱，望其旗靡，故逐之。"

——《左传》

成语释义　指鼓足勇气或趁着勇气十足的时候马上把工作做完。

造　　句　我们不如一鼓作气，把剩下的工作做完再休息。

近 义 词　势如破竹　一气呵成　趁热打铁

反 义 词　一波三折　偃旗息鼓

成语接龙

一鼓作气 → 气壮山河 → 河清海晏 → 晏然自若 → ______ → 事倍功半 → 半途而废 → ______ → 食无求饱 → ______

咬文嚼字

如何"作气"

作
- 做某事。如 自作自受
- 作品。如 佳作
- 装。如 装模作样
- 当成，作为。如 认贼作父
- 振奋。如 一鼓作气（作气是振奋士气的意思。）

成语故事

齐国欲攻打鲁国，鲁庄公准备迎战。有个叫曹刿的人请求同鲁庄公一同出战。在长勺和齐军作战时，鲁庄公和曹刿同在战车上指挥。刚上战场，鲁庄公就打算击鼓进军，曹刿阻止了他。直到齐军擂鼓三次后，曹刿才同意击鼓进攻，结果齐军大败。鲁庄公正要下令追击，曹刿又阻止了，并下车去察看齐军的车印，然后又登上车观望齐军的队形。观察之后，曹刿说："可以追击了。"鲁庄公这才下令。

最终，鲁国获得了胜利。鲁庄公向曹刿询问取胜的原因。曹刿答道："打仗，要靠勇气。第一次擂鼓能振作士兵们的勇气；第二次擂鼓时，士兵们的勇气减弱；等到第三次擂鼓时，士兵们的勇气就枯竭了。敌方的勇气枯竭了，我方的勇气正盛，因此我们打败了他们。齐国是大国，我担心有埋伏，所以去察看他们的车辙和队形，发现他们的车辙混乱，军旗也倒下了，这才下令追击。"

鲁庄公听了，很是赞赏曹刿。

名人故事两则

管鲍之交

春秋时期，鲍叔牙和管仲的交情十分深厚。年轻的时候，他们曾合伙做生意，那时管仲家比较穷，鲍叔牙经常把自己得到的东西送一部分给管仲。

后来，鲍叔牙当了齐国公子小白的谋士，而管仲则为公子纠效力。两位公子在争夺王位时，管仲曾驱车射箭偷袭公子小白，射中了公子小白的腰带。公子小白装死骗过了管仲，然后日夜驱车抢先回国继承了王位，成为齐桓公。后来，公子纠被杀，管仲也成了阶下囚。齐桓公拜鲍叔牙为相，并要杀了管仲。鲍叔牙连忙求情，并指出管仲之才远胜于自己，他劝说齐桓公，希望他不计前嫌，拜管仲为相。于是齐桓公重用管仲。果然，如鲍叔牙所言，在管仲的辅佐下，齐桓公成为“春秋五霸”之一。

成语“管鲍之交”，指春秋时期，齐人管仲和鲍叔牙相交至深，后常比喻交情深厚的朋友。

吴下阿蒙

吕蒙是孙权手下的名将，因为家里贫穷，没有机会读书，所以学识浅薄。孙权对吕蒙说：“你现在当权掌管政事，不可以不学习！”吕蒙用军中事务繁多来推托。孙权说：“我难道是想要你研究儒家经典，成为传授经书的学官吗？你只需粗略地阅读，了解历史罢了。若论军中事务繁多，谁能比得上我呢？我经常读书，自认为有很大的好处。”于是吕蒙开始学习。鲁肃到寻阳的时候，和吕蒙论议国家大事，他惊讶地说：“你现在的才干和谋略，不再是以前那个吴县的阿蒙了！”吕蒙说：“和有抱负的人分开一段时间后，就要用新的眼光来看待他，长兄怎么认清事物这么晚啊！”鲁肃听了这话，对吕蒙更加刮目相看了。

成语“吴下阿蒙”，比喻人学识尚浅。

语林小憩

一、写出与下列历史人物相关的成语。

1. 蔺相如
2. 刘备
3. 诸葛亮
4. 吕蒙
5. 管仲

二、填字游戏。

	说		不	二			
乔		鼓			大		
	腔		势		好		闻
打		气	吞	山			鸡
扮				东	山	再	
							舞

三、根据给出的关键词写成语。

1. 三国时期　学习　学识尚浅　孙权

   成语：

2. 战国时期　刎颈之交　名臣名将　知错就改

   成语：

ěr yú wǒ zhà
尔虞我诈

子反惧，与之盟，而告王。退三十里。宋及楚平，华元为质。盟曰："我无尔诈，尔无我虞。"

——《左传》

成语释义 你骗我，我骗你。指互相欺骗，彼此玩弄手段。尔：你。虞：欺骗。

造 句 与人交往时要保持真诚，不应钩心斗角，尔虞我诈。

近 义 词 钩心斗角 尔诈我虞

反 义 词 推心置腹 开诚布公

成语接龙

尔虞我诈 → 诈败佯输 → 输心服意 → [ ] → 中饱私囊 → 囊萤映雪 → 雪兆丰年 → [ ] → 知恩图报 → [ ]

咬文嚼字

"尔虞我诈"与"钩心斗角"的异同

相似点： 都含有不能真诚相待的意思。

差异性： 尔虞我诈——侧重于互相欺骗、猜忌，不信任彼此。

钩心斗角——侧重于人和人之间明争暗斗，各有心计。

成语故事

春秋时期，强大的楚国屡次派兵攻打弱小的宋国，并企图吞并宋国。

公元前595年，楚庄王又出兵讨伐宋国，势单力薄的宋军坚守城池，拒不出战。在这样的情况下，楚庄王知道很难攻克宋国，于是准备撤兵。这时，申叔时向楚庄王献计：在占领的宋国土地上建造房屋，屯兵耕作，做出准备长久作战的架势，宋国一定会投降。楚庄王采纳了这个建议。

宋国看到这样的情形后，就派华元去楚营。华元把宋国的态度转告楚国主将公子侧："我们决不接受城下之盟，坚持抗争到底。"公子侧听了，把宋国死守的决心报告给楚庄王。后来，楚国只好妥协，按照宋国的要求退兵三十里，并签订了盟约："我不骗你，你也不欺我。"以此来表示楚宋两国将和平共处，真心相待，不互相猜疑和欺骗。

文苑

在尔虞我诈的情形之下，讲价便成为交易的必经阶段，反正是『漫天要价，就地还钱』。看看谁有本事谁讨便宜。

——梁实秋

当代大都市的忙人们在假日或某个其他机会偶尔来到江南小镇，会使平日的行政烦嚣、人事喧嚷、滔滔名利、尔虞我诈立时净化。

——余秋雨

负隅顽抗
fù yú wán kàng

晋人有冯妇者，善搏虎，卒为善士。则之野，有众逐虎，虎负隅，莫之敢撄（yīng）（触犯）。望见冯妇，趋而迎之。冯妇攘臂下车，众皆悦之，其为士者笑之。

——《孟子》

成语释义　凭着险要地势或某种条件而顽固地抵抗。负：依靠。隅：山势弯曲的地方，引申为险要的地方。

造　　句　胜利在望，敌军只剩下几个残兵败将还在负隅顽抗。

近 义 词　垂死挣扎　困兽犹斗

反 义 词　束手待毙　束手就擒

成语接龙

负隅顽抗 → 抗尘走俗 → ＿＿＿＿ → 耐久之朋 → 朋比为奸 → 奸臣贼子 → 子虚乌有 → 有说有笑 → ＿＿＿＿ → ＿＿＿＿

咬文嚼字

谁在“负隅顽抗”？

当我们用“负隅顽抗”表达拼死抵抗的意思时，要注意这个成语的感情色彩。它是一个贬义词，因此不能用在褒义或中性的语境中。比如在“我们虽然陷入苦战，但仍在负隅顽抗”一句中，使用“负隅顽抗”就是不合适的，换成“困兽犹斗”更加合适。

成语故事

晋国有一个叫冯妇的猎手，十分擅长和老虎搏斗。自他决定要成为善人，就没有再打虎了，他的名字也渐渐被人们遗忘。

有一年，某座山里出现了一只凶猛的老虎，常常出来伤害路过的行人。于是，几个年轻的猎人一起去打虎，他们把老虎追赶到深山的崖石下。那只老虎背靠着山势陡峭的地方，面对着众人瞪眼怒吼。面对这样的情形，没有人敢上前去捕捉这只老虎。

这时，冯妇刚好坐车路过。猎手们很快认出了他，急忙上前去，请他帮忙打虎。冯妇下了车，挽起袖子同老虎搏斗起来。最终，他打死了猛虎，为民除害。在场的猎手们都向他表示感谢。但一些读书人却因为这件事嘲笑冯妇，说他放弃了自己做善人的追求，重操旧业，又干起了原先打虎的事情。

fēn tíng kàng lǐ
分庭抗礼

由得为役久矣，未见夫子遇人如此其威也。万乘之主，千乘之君，见夫子，未尝不分庭伉礼，夫子犹有倨敖之容。今渔父杖拏(ná)逆立，而夫子曲要磬折，言拜而应。得无太甚乎？

——《庄子》

成语释义　主人与客人分立在庭院的两侧，以平等的礼节相见，也指彼此地位或势力相等，平起平坐或互相抗衡。

造　　句　在杂文写作方面，几乎无人能和鲁迅分庭抗礼。

近 义 词　不相上下　平分秋色　平起平坐

反 义 词　望洋兴叹　鞭长莫及

成语接龙

分庭抗礼 → 礼尚往来 → 来之不易 → 易如反掌 → ______ → 珠光宝气 → 气宇不凡 → ______ → 子不语怪 → ______

咬文嚼字

“分庭抗礼”与“平起平坐”的异同

相似点： 都有地位平等的意思。

差异性： 分庭抗礼——仅用于双方地位、势力上的相互抗衡。还比喻互相对立或争权。

平起平坐——可以用于多方，还含有“权利相等”的意思。

成语故事

有一次，孔子在弹琴唱歌，学生们在读书。这时，河边一个年老的渔夫走了过来，他并不认识孔子，只是站在那儿听他弹唱。等到歌曲终了，渔夫向子路、子贡询问孔子的事情。

于是，子贡便将孔子和他仁义教化的思想主张等介绍了一遍。

渔夫听了子贡的介绍却无动于衷，还笑称：孔子仁爱不假，但是劳累身心、损伤天性，与自己追求的“道”相差甚远。说完后，渔夫就离开了。子贡觉得这个渔夫不是常人，就把这件事告诉了孔子。孔子听后，惊叹之余快步追上渔夫，真诚地向他请教世间的真理。

渔夫见孔子真心求知，就给他讲自己的“道”学，为他解答疑惑，使孔子深受启发。渔夫走后，子路说：“平日里，无论是天子诸侯还是达官显贵，都要与您分庭抗礼，平起平坐。他们面带尊色，而您也无需弯腰。可是您面对一个傲慢无礼的渔夫却卑躬屈膝，真是让人费解。”孔子说：“遇到长者不敬，是无礼；遇到贤者不尊，是不仁。那位渔夫是位长而贤的圣人，我怎能不恭敬呢？”

dǎng tóng fá yì
党同伐异

自武帝以后，崇尚儒学，怀经协术，所在雾会，至有石渠分争之论，党同伐异之说，守文之徒，盛于时矣。

——《后汉书》

成语释义 指拉帮结派，偏袒同伙，打击不同意见的人。党：结成团伙。伐：讨伐，攻击。

造　　句 如果想要干一番大事业，就不应该党同伐异，而是要兼容并蓄。

近 义 词 结党营私　狼狈为奸　朋比为奸

反 义 词 兼容并包　兼收并蓄

找 规 律 党同伐异　大同小异　求同存异　标同伐异

成语接龙

党同伐异 → [　　　] → 开源节流 → 流芳百世 → 世道人情 → 情有可原 → [　　　] → 动荡不安 → 安然无恙 → [　　　]

咬文嚼字

“党同伐异”不可乱用！

有人写了这样一句话：“老王心直口快，党同伐异，总会一针见血地指出同志的缺点。”“党同伐异”原指学术派别之间的斗争，后来泛指一切学术上、政治上或社会上的集团之间的斗争，含有贬义。根据语义，“党同伐异”用在此句中不合适。

成语故事

汉武帝时期，有个读书人叫董仲舒，他很有才学，得到了汉武帝的重用。董仲舒向汉武帝阐述了“天人感应”的理论。这种理论神化了皇权，主张谁反对皇帝就是反对天意。

为了贯彻这种理论，董仲舒提出了“罢黜百家，独尊儒术”的主张。这一主张契合了汉武帝一统天下的心思，于是汉武帝设置了专门传授儒家学说的五经博士。汉宣帝即位后，儒家学说成为正统思想。汉宣帝想让五经名儒萧望之担任太子的老师，但当时的儒生对五经有不同的见解，于是汉宣帝决定进行一次针对儒学的大讨论。

这次讨论由萧望之主持，在讨论过程中，观点一致的人集合起来，对观点不一致的人进行攻击。这次激烈的讨论，既全面又透彻，影响极其深远。为此，《后汉书》的作者范晔在评述这一现象时，称它为“党同伐异”，也就是集合同党攻击异己者。

文苑

然则《公》《穀》之立，《左氏》之难兴，岂时君各有好尚，或诸儒之论党同伐异，遂有去取之殊云云。

——叶绍翁

世间都以『党同伐异』为非，可是谁也不做『党同伐异』的事。

——鲁迅

qǐng jūn rù wèng

请君入瓮

兴曰："此甚易耳！取大瓮，以炭四周炙之，令囚入中，何事不承！"俊臣乃索大瓮，火围如兴法，因起谓兴曰："有内状推兄，请兄入此瓮！"兴惶恐叩头伏罪。

——《资治通鉴》

成语释义 比喻以其人之道还治其人之身，也指设计好圈套引人上当。瓮：坛子。

造　　句 我们已经布下了陷阱，只要对方来了，便可请君入瓮。

近 义 词 以毒攻毒　以眼还眼，以牙还牙

成语接龙

请君入瓮 → 瓮声瓮气 → [　　　　] → 里应外合 → 合情合理 → 理屈词穷 → [　　　　] → 路人皆知 → 知人善任 → [　　　　]

咬文嚼字

君如何"入翁"？

"翁"的含义一般与成年男子相关，读音为"wēng"；"瓮"则是指一种盛东西的陶器，读音为"wèng"。"请君入瓮"的字面意思是请君进入瓮里，显然不会是"入翁"。

成语故事

武则天在执政期间为了巩固自己的统治，培养了一批酷吏用于审讯犯人。有一次，有人告发酷吏周兴与人串通谋反的事，于是武则天派了另一个酷吏来俊臣去调查此事。

这天，来俊臣邀请了周兴一起吃饭，顺便研究刑事。来俊臣对周兴说："很多囚犯不愿承认自己的罪行，要怎么办呢？"周兴说："这还不容易吗！准备一个大坛子，用炭火把坛子四周烧得火热，然后让犯人钻进去。犯人尝到在坛子里被烤的痛苦，哪还有不招供的道理？"听完这话，来俊臣就叫人抬来一个大坛子，按照周兴的说法，用炭火在四周烤，然后他站起身来对周兴说："宫里下令让我来审问你，请你钻进这个大坛子。"周兴惊恐万分，只好招供。

文苑

这回我看见《闲话》出版的广告，道："『想认识这位文艺批评界的权威的，——尤其不可不读《闲话》！』这真使我觉得飘飘然，原来你不必『请君入瓮』，自己也会爬进来。

——鲁迅

他向来是惯叫农民来钻他的圈套的，真不料这回是演了一套『请君入瓮』的把戏。

——茅盾

成语天地

读《孙子兵法》，学谋略

《孙子兵法》是春秋时期吴国将领孙武所作，被誉为“兵学圣典”。它是中国现存最早的兵书，也是世界上最早的军事著作。《孙子兵法》内容博大精深，逻辑缜密，不仅集中体现了古代军事思想的精华，而且为我们的日常生活提供了许多成语。

百战百胜：每战必胜，形容所向无敌。

是故百战百胜，非善之善者也。（《孙子·谋攻》）

译文：所以百战百胜不算是最高明的策略。

避实击虚：避开敌人的主力，找敌人的弱点进攻。也指谈论问题时回避要害。

兵之形，避实而击虚。（《孙子·虚实》）

译文：用兵打仗的特性，是避开敌人兵力集中而强大的地方，转而攻击敌人兵力分散而虚弱的地方。

出其不意：趁对方没有意料到突然采取行动。

攻其无备，出其不意。（《孙子·始计》）

译文：攻击敌人毫无准备之处，出击敌人毫无意料之地。

终而复始：到了终点，又重新开始。指不断地循环往复。

终而复始，日月是也。（《孙子·势》）

译文：结束了又重新开始，就像日月的运行出没。

除此之外，《孙子兵法》中还有出奇制胜、死而复生、以逸待劳、同舟共济、风雨同舟等成语。

语林小憩

一、在空格里填上一组反义词，将成语补充完整。

头□脚□　　党□伐□

声□击□　　扬□避□

起□回□　　□仆□继

□非□比　　□邻□舍

二、猜谜语。

1. 离家出走，拒绝拜堂。（打一成语）

谜底：

2. 骗子交流经验。（打一成语）

谜底：

三、根据给出的成语，写一个与其意义相近的成语。

困兽犹斗——

钩心斗角——

请君入瓮——

战无不胜——

党同伐异——

趋炎附势
qū yán fù shì

我若昔谒丁崖州，则乾兴初已为翰林学士矣。今已老大，见大臣不公，常欲面折之，焉能趋炎附热，看人眉睫，以冀推挽乎？道之不行，命也。

——《宋史》

成语释义 指巴结、依附有权有势的人。趋：奔走。炎：热，指有权势的人。

造　　句 他是一个趋炎附势的小人，切记不可深交。

近 义 词 阿谀奉承　攀龙附凤　曲意逢迎

反 义 词 刚正不阿　洁身自好　一视同仁

成语接龙

趋炎附势 → 势不两立 → 立锥之地 → 地尽其利 → ______ → 民不聊生 → ______ → 虎落平阳 → 阳关大道 → ______

咬文嚼字

“趋炎附势”与“曲意逢迎”的异同

相似点： 都有迎合、巴结别人的意思，含贬义。

差异性： 趋炎附势——侧重讨好的对象是有权有势的人。

曲意逢迎——侧重违背自己的本意去讨好他人。

成语故事

北宋时期，有个人叫李垂，为人十分正直。当时，宰相丁谓独揽朝政，想要升官的人必须吹捧、巴结他。许多官员都不敢得罪丁谓，纷纷攀附于他。李垂的官职不高，却铁骨铮铮，从不去讨好丁谓。

有人劝李垂去拜谒一下丁谓。李垂听后，义正词严地表示绝不会和丁谓同流合污，而且他常常批评和劝诫那些处事不公的大臣，现在又怎么可能趋炎附势，去丁谓的府上拜谒呢？李垂的坚持让那个劝他的人心生敬意。

宋仁宗即位后，丁谓倒台。李垂的朋友听到朝中有大臣推举李垂当知制诰，就劝李垂去拜谒一下当时的宰相。李垂却回答朋友："如果三十年前我去拜谒当时的宰相丁谓，可能早就是翰林学士了。现在我年纪大了，怎么能趋炎附势，看人眼色行事，以换取他们的引荐和提携呢？"

文苑

大小官员那个不知道他的凶狠，只是一般的趋炎附势，那敢道他长短的一句话来！

——黄世仲

许多在京京官早已趋炎附势拆了台，连宜昌重镇李稷勋也离心离德，只图私便起来。

——李劼人

zhì shǒu kě rè
炙手可热

杨花雪落覆白蘋，青鸟飞去衔红巾。

炙手可热势绝伦，慎莫近前丞相嗔（chēn，发怒）。

——《丽人行》

成语释义　手一靠近就觉得很烫。比喻气焰盛，权势大。炙：烤。

造　　句　奸臣李林甫在当时是个炙手可热的人物，巴结他的人不知道有多少。

近 义 词　煊赫一时　望而生畏

反 义 词　平易近人　和蔼可亲

成语接龙

炙手可热 → ______ → 腾云驾雾 → 雾里看花 → 花言巧语 → 语惊四座 → ______ → 席卷天下 → 下落不明 → ______

咬文嚼字

不可“灸”手可热

古代汉语中，“月”可同“肉”。炙，是会意字，上面是一个斜放的月字，下面是火字，意思是将肉放在火上烤。“炙手可热”的字面意义是手靠近火焰就会烫手。不要把“炙”误写成“灸”。“灸”读音为jiǔ，形声字。“久”与“火”组合起来，表示长时间用火烧灼，多与医术有关，如“针灸”“艾灸”等。

成语故事

唐朝时期，唐玄宗李隆基原本是一个英明果断、励精图治的皇帝，他开创了“开元盛世”。不过，唐玄宗在位后期，开始怠慢朝政，任用奸臣李林甫为丞相，政治开始腐败。唐玄宗还十分宠爱杨贵妃，奢侈荒淫。杨贵妃有个堂兄叫杨钊，杨贵妃得宠后，杨钊也平步青云，做了御史，唐玄宗还给他赐名为“国忠”。

奸臣李林甫死后，唐玄宗任命杨国忠为丞相，把许多要事都交给了杨国忠来处理。一时之间，杨家兄妹权势滔天。杨家结党营私，把整个朝廷搞得乌烟瘴气，导致后来爆发了“安史之乱”。

杨家兄妹的生活奢侈腐化。一日，杨贵妃等人到曲江边春游，排场极大，轰动一时。诗人杜甫对杨家兄妹这种穷奢极欲的行为极为愤慨，写出了著名的《丽人行》一诗，揭露和讽刺了杨家兄妹生活的奢侈和权势的显赫。其中“炙手可热势绝伦，慎莫近前丞相嗔”这两句诗的意思是：杨家位高权重，势力很大，没有人能与之相比；你千万不要走近前去，以免惹得丞相发怒生气。

文苑

俄皇又派他儿子做了宪兵中佐，正是炙手可热的时候。

——曾朴

如果他长袖善舞，广为结纳，也可成为翻云覆雨炙手可热的好汉。

——梁实秋

zuò wēi zuò fú
作威作福

沈潜刚克，高明柔克。惟辟作福，惟辟作威，惟辟玉食。臣无有作福作威玉食。臣之有作福作威玉食，其害于而家，凶于而国。人用侧颇僻，民用僭忒（jiàn tè）。

（逾越常规，心怀变乱）

——《尚书》

成语释义 原指只有君王才能揽威权，行赏行罚。后指妄自尊大，滥用权力。

造　　句 我们要牢记，党的干部是人民的公仆，绝不是作威作福的官老爷。

近 义 词 飞扬跋扈　胡作非为

反 义 词 俯首帖耳

成语接龙

作威作福 → ______ → 海阔天空 → 空前绝后 → 后生可畏 → ______ → 缩手缩脚 → 脚下生风 → 风风火火 → ______

咬文嚼字

“做威做福”？作威作福！

此成语中，“威”不是指威风或权威，而是指惩罚；“福”也不是指有好运，而是指奖赏；“作”是实行、实施的意思。我们可以理解成“实行惩罚和奖赏”，就不会把“作”误写成“做”了。

成语故事

约公元前1046年，周武王讨伐商纣王，并灭了商朝。周武王返回镐京时，将商纣王的叔父箕子带了回去。周武王向箕子请教治国的方略，箕子很快说出了九条，其中第六条他是这样说的："人的德行有三种：一是正直，二是过分刚强，三是过分柔顺。什么是正直呢？中正平和，不偏执不柔弱；什么是过分刚强呢？性情倔强，不与人亲近；什么是过分柔顺呢？和顺又不坚强。作为君王，要远离刚强不能亲近的人，推崇和顺可亲的人。有权替人造福、对人施以威权、吃好食物的只有君王，臣子们是没有这些权利的。如果臣子们也有权替人造福，有权对人行使威权，有权吃好的食物，那国家就危险了，臣子们会因此反叛王道，百姓们也将因此反抗和起义。"

文苑

日京大吼一声，把赵芮劈胸扭住，道：『你这奸臣，敢如此作威作福，且吃我一拳！』

——夏敬渠

都是你自己愿意服从，你自己愿意听他们的话，他们才厚起脸皮作威作福……

——巴金

zhōng nán jié jìng

终南捷径

晚乃徇权利，务为骄纵，素节尽矣。司马承祯尝召至阙下，将还山，藏用指终南曰：“此中大有嘉处。”承祯徐曰：“以仆视之，仕宦之捷径耳。”藏用惭。

——《新唐书》

成语释义　比喻最近便的升官门路，也泛指达到目的的便捷途径。

造　　句　靠阿谀奉承谋求官职的终南捷径在如今已经行不通了。

近 义 词　方便之门　投机取巧

反 义 词　按部就班　行不由径

成语接龙

终南捷径 → 径一周三 → ____ → 幸灾乐祸 → 祸不单行 → 行侠仗义 → 义正词严 → ____ → 守身如玉 → ____

咬文嚼字

终南捷径何时用？

终南，指位于今陕西西安的终南山；捷径，是近路。“终南捷径”最初用来比喻求官职或名利的最佳途径，但后来它形容的对象不再局限于求取官职和名利，也用来比喻达到目的的便捷途径。我们需要注意成语的本义和延伸义，不能只看其中的一个意义。

成语故事

唐朝时期，有一个叫卢藏用的人。他擅长写文章，因此被举荐为进士，但没有当上官。于是，他跟随哥哥卢征明一起到终南山隐居。卢藏用一心想当官，即使在山中隐居也时刻想找机会出仕当官，所以人们称他为“随驾隐士”，借以讥讽他是一个以隐居为名的假隐士。

后来，卢藏用果然得到朝廷的任用，被授以左拾遗的官职。到了晚年，卢藏用滥用职权，骄横放纵，丝毫没有操守和气节。当时，有一个叫司马承祯的道士，因为颇具盛名而受到朝廷的召见。当司马承祯准备返回天台山时，卢藏用指着终南山的方向，对他说：“您还是去终南山吧，那里大有好处。”

司马承祯不以为然，答道：“在我看来，隐居终南山只是出仕当官的一条捷径罢了。”卢藏用听了，顿感羞愧不已。

挟天子以令诸侯

xié tiān zǐ yǐ lìng zhū hóu

今朝廷播越（流亡），宗庙残毁，观诸州郡，虽外托义兵，内实相图，未有忧存社稷恤人之意。且今州城粗定，兵强士附，西迎大驾，即宫邺都，挟天子而令诸侯，稸（xù，积聚）士马以讨不庭，谁能御之？

——《后汉书》

成语释义 挟持着皇帝，用皇帝的名义发号施令。现泛指借用权威的名义发号施令。

造　　句 曹操拥立汉献帝后，挟天子以令诸侯，权掌天下。

成语接龙

挟天子以令诸侯 → 侯门似海 → ______ → 川流不息 → 息事宁人 → ______ → 灵机一动 → 动荡不安 → ______

咬文嚼字

是"诸侯"不是"诸候"

"侯"和"候"两个字十分相似，只有一竖之差。"诸侯"一词中使用的是没有一竖的"侯"，读音是"hóu"，它通常指封建五等爵位的第二等，也泛指达官贵人。而"候"的读音是"hòu"，有等候、问候的含义。

成语故事

东汉末年，豪强割据混战。有个叫袁绍的人，是北方最大的豪强，声望很高。当时，汉献帝已经落到了董卓的部将李傕、郭汜的手中。

袁绍野心很大，在割据河北后，他梦想有朝一日能夺得整个天下。袁绍的手下沮授看出了袁绍的心思，就为他出谋划策，说：“现在朝廷动荡，皇上颠沛流离，宗庙破败。那些独霸一方的州郡，表面上是为汉室讨伐叛贼，实际上却互相攻击，根本没有忧虑国家、体恤百姓的心思。何况，您现在已初步占据了冀州等地，兵力强盛，备受拥戴。如果到长安接应皇上，在邺都（今河北省临漳县）建立皇宫，以天子的名义向诸侯发号施令，讨伐违抗朝廷号令的人，谁能抵抗呢？”

袁绍听后有些动心了。可是，将领郭图、淳于琼却认为，汉室已经没有震慑力了，图谋中兴并不是一件容易的事。袁绍认真考虑后，自认为成不了大事，就没有采纳沮授的建议。

文苑

挟天子以令诸侯，乃权臣跋扈借资以取重于天下，岂真尊主者哉？

——朱熹

朕命白虎驮邱生来，原恶其自矜汉学，凌蔑百家，挟天子以令诸侯，故有投畀豺虎之意。

——袁枚

“人微权轻”的由来

春秋末期，晋国出兵攻打齐国的东阿和甄城，与此同时，燕国也趁机进犯齐国的领土。齐景公派兵迎战，结果齐军大败而归。齐景公为此忧心忡忡，齐相晏婴便对齐景公说：“我向您推荐一个人，他叫田穰苴。这个人文武双全，文能服众，武能慑敌，希望您能任用他。”

于是，齐景公就召见了田穰苴，和他谈论用兵之道。一番交谈之后，齐景公对田穰苴的才华赞不绝口，心里十分高兴，就任命他为将军，领兵抵御进犯的敌军。

田穰苴对齐景公说：“我出身卑贱，您从平民中把我提拔上来，地位甚至高过大夫，恐怕士兵不肯听从我的命令，百姓也不会信任我。我是一个小人物，没有什么权力，很难树立威信，还请君王派遣一位您信赖的、受国人尊重的大臣去军队担任监军，这样才能万无一失。”齐景公听了，就派庄贾去军队做监军。

田穰苴向齐景公辞别后，与庄贾约好第二天中午在军门会合。可是，庄贾向来骄纵显贵，并不在意会合的时间，直到第二天下午，太阳快要下山了，庄贾才不慌不忙地来到军门。田穰苴非常生气，按军规斩了庄贾。这一举动，震惊全军，将士们十分害怕，都老老实实地听从田穰苴的命令。后来，齐军击退了敌人，班师回朝。齐景公又让田穰苴担任大司马，因此，田穰苴又被称为司马穰苴。

“人微权轻”就出自这个故事，常用来表示地位与权威不足以服众。后来又演变为“人微言轻”，表示小人物的言论不受重视。

语林小憩

一、根据拼音提示，写出正确的汉字，将成语补充完整。

王（hóu）□将相

挟天子以令诸（hóu）□

（zhì）□手可热

脍（zhì）□人口

二、根据褒贬义，将下面的成语分类。

趋炎附势	炙手可热	作威作福	好为人师
不孚众望	深孚众望	不刊之论	差强人意
	不赞一词	胸无城府	

褒义：________________

贬义：________________

三、在成语“终南捷径”中，“终南”是指终南山。下面是一首描写山的古诗，你能从中找出一个成语吗？

题西林壁

［宋］苏轼

横看成岭侧成峰，远近高低各不同。

不识庐山真面目，只缘身在此山中。

成语：________

mù bù shí dīng
目不识丁

从事有韦雍、张宗厚数辈，复轻肆嗜酒，常夜饮醉归，烛火满街，前后呵叱，蓟(Jì)人所不习之事。又雍等诟责吏卒，多以反虏名之，谓军士曰："今天下无事，汝辈挽得两石力弓，不如识一丁字。"

——《旧唐书》

成语释义 形容人没有文化。

造　　句 他没读过书，目不识丁，你就别为难他了。

近 义 词 胸无点墨　不学无术

反 义 词 学富五车　博学多才

成语接龙

目不识丁 → 丁一卯二 → 二话不说 → ______ → 短兵相接 → ______ → 断事如神 → 神气十足 → 足智多谋 → ______

咬文嚼字

目不识"个"？

宋朝一个叫洪迈的文人写了一篇《容斋俗考》。他在其中提到："今人多用不识一丁字，谓祖《唐书》。以出处考之，乃'个'字，非'丁'字。盖'个'与'丁'相类，传写误焉。"他认为"个"和"丁"字笔画相近，成语中的"丁"应为"个"字。

成语故事

唐朝时期，有个叫张弘靖的高官。

他初来幽州的时候，随行队伍的阵势很大，车驾也很华丽，如此招摇，说明他有很大的资本，当地的老百姓都十分畏惧他。张弘靖手下有几个轻狂放肆、爱酒如命的侍从，其中有韦雍、张宗厚等人。这几个侍从常在夜里喝得醉醺醺的，到处吆喝扰民，当地人都很厌恶他们。他们经常侮辱责骂吏卒，称其为“反贼”，还对军士们说：“如今天下太平，你们能拉开两石重的硬弓又怎么样，还不如认识一个‘丁’字！”军士们听了这些侮辱人的话，心生怨恨。

有一次，朝廷为了犒赏军士拨发了一百万贯钱，却被张弘靖从中扣留了二十万贯钱。军士们知道后都很气愤，就把张弘靖囚禁在蓟门馆，又抓住了韦雍、张宗厚等数人，把他们杀死了。

文苑

他两个祖上也曾出仕，都是富厚之家，目不识丁，也顶个读书的虚名，把马德称做个大菩萨供养，扳他日后富贵往来。

——冯梦龙

道学先生之所谓『万物皆备于我』的事，其实是全国，至少是S城的『目不识丁』的人们都知道，所以人为『万物之灵』。

——鲁　迅

小时了了

xiǎo shí liǎo liǎo

众坐莫不叹息。太中大夫陈炜后至，坐中以告炜。炜曰："夫人小而聪了，大未必奇。"融应声曰："观君所言，将不早惠乎？"膺大笑曰："高明必为伟器。"

——《后汉书》

成语释义 指人在小时候聪明伶俐。

造　　句 小时了了，大未必佳，对待天才少年，更应注重后天的引导和培养。

找 规 律 想入非非　议论纷纷　大名鼎鼎　文质彬彬

成语接龙

小时了了 → 了如指掌 → 掌上明珠 → 珠联璧合 → ______ → 一表人才 → 才气过人 → ______ → 心驰神往 → ______

咬文嚼字

何为"了了"

了，有明白、懂得的意思，在"了解""了然""了如指掌"中都是这个意思。而"小时了了"中的"了了"意为聪明懂事。

成语故事

东汉末年，有个叫孔融的人，他从小就很聪明，而且十分擅长辞令。十岁的时候，他随父亲来到洛阳。

当时，担任河南尹的李膺颇负盛名，从不随便接见士人和宾客，来访的人如果不是名人或世交，守门人一律不会通报。孔融想知道李膺是什么样的人，就来到李膺府上，对守门人说："我家和李太守是世交，请通报一下。"守门人通报后，李膺请孔融进来，问道："你的祖上和我有什么老交情吗？"孔融答道："是的。我的先人孔子和您的先人李耳（即老子，孔子曾向他问礼）以师友相待，这样说来，我和您就是数代的世交了。"在场的宾客都为孔融的话感到惊叹。太中大夫陈炜到了以后，有人把孔融的事讲给他听，陈炜说："一个人，小时候聪明通达，长大未必就会出奇。"孔融听了，立即说："我想，大人您小时候就很聪明吧！"李膺听后，大笑道："你将来一定是个栋梁之材。"

yōng rén zì rǎo
庸人自扰

小吏有罪，诚遣之，大吏白争，以为可杖，象先曰：“人情大抵不相远，谓彼不晓吾言邪？必责者，当以汝为始。”大吏惭而退。尝曰：“天下本无事，庸人扰之为烦耳。弟澄其源，何忧不简邪？”

——《新唐书》

成语释义 指本来没事，平庸的人却要自找麻烦。自扰：自我烦扰。

造　　句 事情本来很简单，是你庸人自扰，把它想得太复杂了。

近 义 词 杞人忧天

反 义 词 自得其乐

成语接龙

庸人自扰 → 扰扰攘攘 → 攘往熙来 → ______ → 明哲保身 → 身强力壮 → ______ → 云蒸霞蔚 → 蔚为大观 → ______

咬文嚼字

“庸人自扰”与“杞人忧天”的异同

相似点： 都有“本来没有什么事而自己瞎着急”的意思。

差异性： 庸人自扰——偏重在“扰”，所指较广泛，除了不必要的担心、害怕之外，还指自找麻烦、自讨苦吃等。

杞人忧天——偏重在“忧”， 指不必要或无根据地担忧、害怕，多指心理活动。

成语故事

唐朝时期，有个叫陆象先的人，他为官开明，心怀仁义。有一次，一个小吏犯了过错，陆象先只是将他责骂告诫一番。一个大吏对陆象先的处理方式有些不满，和陆象先争论起来，说应当责打那个小吏作为惩罚。陆象先却说：“人的感情大体上是差不多的，你难道认为他不能理解我的话吗？小吏之所以会犯错，你也是有责任的。如果一定要责打，理应从你开始。”大吏听了，感到很惭愧，默默地退下去了。

陆象先曾对人说：“天下哪有什么了不得的大事，不过都是些见识短浅的庸人自相扰乱，惹出许多麻烦。如果看清了混乱的源头，减少这类麻烦事就不会感到愁苦了。”陆象先这样的品德性情不管走到哪里，都能受到百姓、官吏的感念。

文苑

据我说书的看起来，那庸人自扰倒也自扰的有限；独这一班兼人好胜的聪明朋友，他要自扰起来，更是可怜！

——文康

她是善良的，诚实的，她不会欺骗人，不会爱别人的，我干吗庸人自扰呢？

——杨沫

不学无术

bù xué wú shù

咏将去，准送之郊，问曰："何以教准？"咏徐曰："霍光传不可不读也。"准莫谕其意，归取其传读之，至"不学无术"，笑曰："此张公谓我矣。"

——《宋史》

成语释义 没有学问也没有本领。学：学问。术：技艺，本领。

造　　句 不学无术、游手好闲的人是很难成就一番大事业的。

近 义 词 胸无点墨

反 义 词 博学多才

成语接龙

不学无术 → 述而不作 → 作威作福 → 福寿康宁 → [ ] → 屈打成招 → [ ] → 马首是瞻 → 瞻前顾后 → [ ]

咬文嚼字

"不学无术"与"目不识丁"的异同

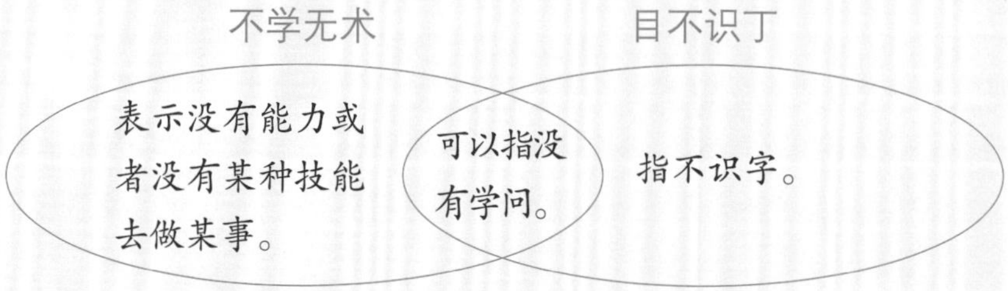
不学无术
目不识丁
表示没有能力或者没有某种技能去做某事。
可以指没有学问。
指不识字。

成语故事

北宋时期，有个大臣叫寇准，他十九岁考中进士，之后在朝中任职。寇准有个朋友叫张咏，张咏在成都任职的时候，寇准当上了参知政事，知道这件事后的张咏对手下的官员说：“寇准确实是个奇才，可惜见识浅陋，没有什么学问。”

后来，寇准被另一个参知政事排挤，被贬到陕州任职。当时，刚好张咏任满从成都回京城，要路过陕州。于是，寇准准备了好酒好菜，热情地款待好友张咏。张咏辞别时，寇准问：“张公对我有什么要嘱托的吗？”张咏回答道：“《汉书·霍光传》不可不读啊。”寇准不明白这话的意思，回去后拿了《汉书·霍光传》认真地读了起来。《汉书·霍光传》中有一句：“然光不学亡术，暗于大理。”读到这里时，寇准恍然大悟，大笑道：“张公是说我不学无术啊。”

痴人说梦

chī rén shuō mèng

僧伽龙朔中游江淮间，其迹甚异。有问之曰："汝何姓？"答曰："姓何。"又问何国人，答曰："何国人。"唐李邕(yōng)作碑，不晓其言，乃书传曰："大师姓何，何国人。"此正所谓对痴人说梦耳。

——《冷斋夜话》

成语释义 比喻蠢人说些完全不可靠或根本办不到的荒唐话。痴人：傻子。

造　　句 比赛之前没有勤加练习，却声称自己能够旗开得胜，真是痴人说梦。

近 义 词 白日做梦

成语接龙

痴人说梦 → 梦寐以求 → [　　] → 得天独厚 → 厚此薄彼 → 彼此彼此 → 此恨绵绵 → [　　] → 针锋相对 → [　　]

咬文嚼字

"痴人说梦"与"白日做梦"的异同

相似点： 都有瞎想、荒唐的意思，常用来讽刺人。

差异性： 痴人说梦——侧重于说出的话十分荒诞。

白日做梦——侧重于幻想根本不能实现的事情，包括荒唐的话和无法实现的打算。

成语故事

唐高宗时期，长江、淮河一带常常能看到一个四处游荡的和尚。这个和尚性情十分古怪，行为举止也怪模怪样。有人好奇，便问这个和尚：“你何姓？（你姓什么？）”他随口回答：“我姓何。”这人接着又问他：“何国人？（什么地方的人？）”他又随口回答：“何国人。”周围的人认为这个和尚在装疯卖傻，始终没有人知道他究竟姓甚名谁、是何方人士。

唐代一位名叫李邕的文人知道此事后，要给这个和尚撰写碑文。但他不知道和尚的话是胡言乱语，于是，他在这个和尚的碑文中写道：“大师姓何，何国人。”因而被人当成笑话。人们说和尚只是对傻子说梦话，而傻子却信以为真了！

文苑

大约那起课的不过信口胡谈，偏遇我们只想挽回，也不管事已八九，还要胡思乱想，可谓『痴人说梦』了。

——李汝珍

鸿渐笑道：『你真可怕！可是你讲孙小姐的话完全是痴人说梦。』

——钱锺书

成语天地

夜郎自大的故事

秦汉时期，我国西南地区受地理条件的影响形成了许多部落，这些部落都很小，且分散在山林之间。

在这些部落中，有一个名为“夜郎”的部落，它虽然相当于一个独立的国家，可是国土很小，百姓少，物资也少。但是和邻近的部落相比，夜郎算是最大的国家了。所以从没离开过自己国家的夜郎国国王，认为自己统治的就是全天下最大的国家。

一天，夜郎国国王骑马带着随从外出巡游，来到一片平坦的土地上，他扬鞭指着前方说道：“你们看！这一望无际的疆土都是我的，还有哪个国家能比它更大呢？”

跟随的仆从为了迎合国王的心意，纷纷说：“大王您说得对啊，天下没有哪个国家比夜郎国更大了！”国王听了，心里更是沾沾自喜。

他们又来到一座高山前，国王仰头看向巍峨的高山，说：“天下还有比这更高的山吗？”

随从又附和说：“当然没有，哪里会有比夜郎的山更高的山呢？”

后来，他们来到一条江边，国王又指着滔滔江水说：“这条江又宽又长，肯定是天下最长最大的江了。”随从们连连称是，齐声说：“那一定是的，我们夜郎是天下最大的国家。”

从此以后，夜郎国国王更加自大起来。

有一次，汉朝派了使者去夜郎国。夜郎国国王从没去过中原，也不了解中原是什么样的，就问汉朝使者：“汉朝和夜郎相比，哪个更大呢？”

汉朝使者听了不禁笑起来，回答说：“夜郎和汉朝是完全不能相比的。汉朝的州郡就有好几十个，而夜郎的全部国土还没有汉朝的一个郡大。您看，哪一个大呢？”国王一听，不禁目瞪口呆，满脸羞愧。

后来，人们常用“夜郎自大”来形容人无知而又狂妄自大。

语林小憩

一、连一连，为下面的成语找到合适的搭档。

失之毫厘	溃于蚁穴
失之东隅	大未必佳
人非圣贤	毛将安傅
千里之堤	孰能无过
小时了了	谬以千里
皮之不存	收之桑榆

二、从下面的宫格中找出两个成语。

无	术	庸	痴
人	后	不	来
学	官	强	梦
人	自	佳	扰

成语：＿＿＿＿ ＿＿＿＿

三、看图猜成语。

成语：＿＿＿＿

wéi biān sān jué
韦编三绝

孔子晚而喜易，序彖、系、象、说卦、文言。读易，韦编三绝。曰："假我数年，若是，我于易则彬彬矣。"

——《史记》

成语释义 形容读书刻苦勤奋。三绝：数次断绝。

造　　句 我们要发扬韦编三绝的学习精神。

近 义 词 牛角挂书 悬梁刺股

反 义 词 偶一为之

成语接龙

韦编三绝 → 绝处逢生 → ______ → 勃然大怒 → 怒目而视 → 视死如归 → ______ → 箭在弦上 → 上下一心 → ______

咬文嚼字

"三绝"何止三次！

"韦"是指熟牛皮。"韦编"则是用牛皮绳编连起来的竹简书，泛指古籍。这样制作而成的书籍，比起用麻绳编连的更加牢固。"三"可以表示多次，是概数。"三绝"不是说书简的皮绳翻断了三次，而是指翻断了很多次。

成语故事

孔子是我国春秋时期杰出的思想家、教育家，儒家学派的创始人。他早年办学兴教，周游列国，闻名遐迩。

到了晚年，孔子开始潜心研究《易》。《易》中的内容非常庞杂，所使用的也是当时不多见的古文字，读起来十分难懂，因此一般人都不会去读它。当时的书，主要是以竹子为材料制成的。人们把竹子削成一根根比较薄的竹签，称为“竹简”，用火烘干后可在上面写字。那些被写上文字的竹简，用牢固的绳子按次序编连起来就成了书。这些书，用丝线编连的，叫“丝编”；用麻绳编连的，叫“绳编”；用熟牛皮绳编连的，叫“韦编”。孔子反复阅读、钻研《易》，把牛皮绳子都磨断了好几次，不得不换上新的接着用。孔子谦虚地说：“如果我能再多活几年，就能把《易》研究得差不多了。”

牛角挂书

niú jiǎo guà shū

密大喜，因谢病，专以读书为事，时人希见其面。尝欲寻包恺（人名），乘一黄牛，被以蒲鞯（jiān）（马鞍下的衬垫），仍将汉书一帙（zhì）挂于角上，一手捉牛靷（yǐn）（牵引车的皮带），一手翻卷书读之。

——《旧唐书》

成语释义　形容读书勤奋，也形容悠然自得地读书。

造　　句　看他端坐在书桌前的样子，颇有牛角挂书的架势。

近 义 词　韦编三绝

反 义 词　三天打鱼，两天晒网

成语接龙

牛角挂书 → 书读万卷 → 卷帙浩繁 → [　　] → 盛况空前 → 前程似锦 → [　　] → 食不厌精 → 精兵简政 → [　　]

咬文嚼字

“牛角挂书”处处勤！

把书挂在牛角上，方便一边行动一边随手翻开书来阅读，从而引申出勤奋读书的含义，这就是成语“牛角挂书”的意思。把这个成语拆开来，“牛角”和“挂书”也分别带上了这个成语的含义。比如，宋代的苏辙就曾写道：“晨耕挂牛角，夜烛借邻牖。”清代的钱谦益也写过“牛角争教挂汉书”的诗句。

成语故事

隋朝时期，有个人叫李密，少年时期就十分聪敏。他曾在隋炀帝身边做宿卫。有一次，隋炀帝见了他，对宇文述说："这个小儿的眼光与常人不同啊！"于是，宇文述对李密说："你聪敏异常，应该凭借才学去做官，不要干这些宿卫的事了。"

李密听宇文述这样说，十分欢喜，就称病卸任了宿卫的官职。之后，他闭门不出，埋头苦读，钻研学问，很少有人能见到他。有一次，李密骑了一头黄牛，把草垫当作鞍，还在牛角上挂了一部《汉书》。他一手牵着牛绳，一手翻书阅读。恰好被当时的尚书令杨素看到了，他见李密这么用功读书，就问道："你是哪里的书生？这么专心读书。"李密认得杨素，就下牛拜见，自报家门。杨素又问他读的是什么书，李密回答说："我在读《汉书》。"杨素同李密谈话后，对儿子杨玄感和随从说："他的见识和气度，你们这些人都比不了。"

bàn bù lún yǔ
半部论语

太宗尝以此语问普，普略不隐，对曰："臣平生所知，诚不出此。昔以其半辅太祖定天下，今欲以其半辅陛下致太平。"

——《鹤林玉露》

成语释义 指儒家经典为治国之本，表示对《论语》的推崇，掌握半部《论语》，人的能力就会提高，就能治理国家。

造　　句 古人云："半部论语治天下。"一部经典著作，反复研读，必能受益终身。

成语接龙

半部论语 → 语焉不详 → 详情度理 → ______ → 穷途末路 → 路见不平 → ______ → 故步自封 → 封妻荫子 → ______

咬文嚼字

半部《论语》岂能治天下？

读优秀的经典文学作品，能否让人受益匪浅，关键在于能否学以致用。读书多，但不能将书中的知识转化成自己的能力，就会被叫作"书呆子"。而半部《论语》治理天下，就是强调要懂得学以致用。同样的，如果你有满腹经纶，却不懂得如何运用它来解决实际问题，那么就只是空谈了。

成语故事

春秋战国时期，有一部体现了孔子及其儒家学派的政治主张、人伦思想、道德原则及教育观念的著作，名为《论语》。它是由孔子弟子及再传弟子记录孔子及其弟子言行而编著完成的，是儒家的经典著作。

到了宋代，有个叫赵普的人担任宰相。当时，有人说赵普只读过《论语》一部书，这话传到了宋太宗的耳朵里，他便把这些话说给赵普听，并问赵普："那个人说的是不是真的？"赵普倒是毫不避讳，开诚布公地回答："我平生所学，确实没有超出《论语》。以前，我凭借半部《论语》辅佐宋太祖（赵匡胤）打天下，现在，我也要用半部《论语》辅佐陛下创建太平盛世。"

záo bì tōu guāng
凿壁偷光

匡衡字稚圭，勤学而无烛。邻舍有烛而不逮，衡乃穿壁引其光，以书映光而读之。

——《西京杂记》

成语释义　凿开墙壁借来光亮。形容人刻苦好学。

造　　句　学习是需要付出精力和汗水的事，没有凿壁偷光、锲而不舍的精神是难以提升的。

近 义 词　囊萤映雪

反 义 词　不学无术

成语接龙

凿壁偷光 → ______ → 目不斜视 → 视而不见 → 见贤思齐 → 齐心协力 → 力争上游 → ______ → 闲言碎语 → ______

咬文嚼字

是“凿壁借光”还是“凿壁偷光”

成语里最开始只有“凿壁偷光”，且经常出现在一些文学作品中，比如，鲁迅在《且介亭杂文》中写道：“古时候曾有‘囊萤照读’‘凿壁偷光’的志士。”而“凿壁借光”是没有被使用的。现在，“凿壁偷光”和“凿壁借光”是可以互相通用的两个成语。

成语故事

西汉时期，有个人叫匡衡。小时候，他的家里很穷，因此他没有机会上学。

因为家里没钱买蜡烛，匡衡没办法在晚上看书，但是他勤奋好学，不想浪费晚上的时间。匡衡的邻居家里条件还不错，每天晚上都会点蜡烛，把屋里照得很亮堂。于是，匡衡想到了一个办法：他偷偷地在墙壁上凿了一个小洞，邻居家的烛光可以透过小洞照过来。他借着这微弱的光线，如饥似渴地读起书来。

后来，匡衡把能找到的书都读完了，又想找些新的书来看。有一天，他发现县里的一个财主有不少藏书，就跑去财主家做工，却不要工钱。财主感到很奇怪，询问匡衡原因。匡衡说：“我不要工钱，只希望可以借您家中的书来读。这样我就心满意足了。”财主被他勤奋好学的精神感动了，答应了他的请求。从此，匡衡有机会读到更多的书了。后来，匡衡成了一位大文学家。

文苑

不学上古贤人囊萤积雪，凿壁偷光，则学乱作胡为。

——乔吉

少游又开第二封看之，也是花笺一幅，题诗四句：『强爷胜祖有施为，凿壁偷光夜读书。缝线路中常忆母，老翁终日倚门间。』

——冯梦龙

shǒu bú shì juàn
手不释卷

孔子言"终日不食，终夜不寝以思，无益，不如学也"。光武当兵马之务，手不释卷。孟德亦自谓老而好学。卿何独不自勉勖（xù）（勉励）邪？

——《三国志》（裴松之注）

成语释义 书本不离手。形容勤奋好学。

造　　句 为了能通过这次考试，哥哥一天到晚手不释卷，刻苦地复习。

近 义 词 百读不厌　手不释书

反 义 词 不学无术　胸无点墨

成语接龙

手不释卷 → 卷帙浩繁 → 繁文缛节 → ［　　］ → 退避三舍 → 设身处地 → 地大物博 → ［　　］ → 今非昔比 → ［　　］

咬文嚼字

"手不释卷"与"爱不释手"的异同

相似点： 都有舍不得放手的意思。

差异性： 手不释卷——特指对书本不离手，侧重表达勤奋好学的含义。

爱不释手——没有特定的对象，表示因为喜爱所以舍不得放手，侧重表达喜爱的程度之深。

成语故事

三国时期，吴国大将吕蒙没有读过什么书，后来，孙权觉得他身居要职，需要提高知识水平，就鼓励他多读史书与兵法。可吕蒙总以事务繁忙，没时间读书等理由来推辞。

有一次，孙权对吕蒙和蒋钦说："我也没让你们成为研究儒学的专家，只是大致了解历史罢了。说到军务繁多，你们谁比我事务多呢？我从小读《诗》《书》《礼记》《左传》《国语》，只是没读过《易》。治理国政以来，我又熟读史书及各家兵书，受益匪浅。你们是有思想、悟性高的人，学习一定会有收获，难道不该去学习吗？最好去读读《孙子》《六韬》《左传》《国语》以及史书。孔子说：'我曾经一天不吃、一夜不睡地思考，却没有收益，还不如去学习。'光武帝刘秀带兵打仗的时候，都不愿放下手里的书，曹操也说自己老了也爱学习。你们怎么就不能勉励自己呢？"

听了孙权这些话之后，吕蒙便发愤学习，以至后来发表的见解，连大学者都比不上了。

古人书单中的成语

《论语》

《论语》是儒家学派的经典著作之一，由孔子的弟子及再传弟子编写而成。它以语录体和对话文体为主，主要记录了孔子及其弟子的言行。

其中包含的成语有见贤思齐、有教无类、察言观色、不亦乐乎、诲人不倦、任重道远、温故知新、循循善诱、文质彬彬、当仁不让，等等。

《汉书》

《汉书》，又称《前汉书》，是中国第一部纪传体断代史，“二十四史”之一，由东汉史学家班固编撰，与《史记》《后汉书》《三国志》并称为“前四史”。

其中包含的成语有安土重迁、百闻不如一见、闭门思过、捕风捉影、不合时宜、不屈不挠、雷霆万钧、千钧一发，等等。

《左传》

相传是春秋末年左丘明著，是一部叙事完整的编年体历史著作。它以《春秋》为本，通过记述春秋时期的具体史实来说明《春秋》的纲目，是先秦散文著作的代表。

其中包含的成语有言归于好、狼子野心、外强中干、风马牛不相及、众叛亲离、大义灭亲、唯命是从、居安思危，等等。

《史记》

《史记》是中国历史上第一部纪传体通史，是西汉史学家司马迁撰写的。这部史书记载了上古黄帝时代至汉武帝太初四年间共三千多年的历史，与司马光编纂的《资治通鉴》并称“史学双璧”。

其中包含的成语有指鹿为马、先发制人、沐猴而冠、鸟尽弓藏、脱颖而出、鸡鸣狗盗、一言九鼎、怒发冲冠、背水一战，等等。

语林小憩

一、填入汉字，将含有“书”字的成语补充完整。

书声□□　　书香□□

□书□理　　□书□经

□□书生　　□□书画

牛□□书　　奋□□书

□竹□书　　□览□书

二、读古诗，从诗中找出成语。

对酒（节选）

［南宋］陆游

牛角挂书何足问，虎头食肉亦非豪。
天寒欲与人同醉，安得长江化浊醪？

成语：

三、按照出处，把下面的成语带回“家”。

三顾茅庐	沐猴而冠	任重道远	鸡鸣狗盗	韦编三绝	脱颖而出
文质彬彬	手不释卷	凿壁偷光	见贤思齐	察言观色	温故知新

《史记》　《三国志》　《西京杂记》　《论语》

wò yě qiān lǐ
沃野千里

夫关中左崤(Xiáo)函，右陇蜀，沃野千里，南有巴蜀之饶，北有胡苑之利，阻三面而守，独以一面东制诸侯。诸侯安定，河渭漕挽天下，西给京师；诸侯有变，顺流而下，足以委输。

——《史记》

成语释义 形容土地肥沃且面积宽广。

造　　句 天府之国，沃野千里，自古就有天下第一粮仓的美誉。

近 义 词 膏腴之地　天府之国

反 义 词 不毛之地　穷乡僻壤

成语接龙

沃野千里 → （　　） → 合而为一 → 一字不漏 → 漏网之鱼 → （　　） → 杂七杂八 → 八面威风 → 风和日丽 → （　　）

咬文嚼字

不一样的“千里”

赤地千里，是一个同“沃野千里”十分相似的成语。它们都可以用来形容广阔的土地，在结构上也很相似。沃野指肥沃的土地，赤地指荒凉的土地。因此，同样是“千里”的土地，它们的风景却不一样，在使用时不要弄混了。

成语故事

公元前202年，刘邦即位，暂住于洛阳。此时，汉朝国基初奠，天下始定。

刘邦面临的第一个重要问题是在哪里定都。群臣对定都之事进行了一番商议，认为洛阳比较合适。刘邦一开始也这样认为，但有个叫娄敬的人却劝刘邦定都关中。

刘邦拿不定主意，就去征求张良的意见。张良分析了洛阳的地理地势，认为那里不是适合作战的地方。刘邦深知当时的诸侯们还对自己虎视眈眈，定都洛阳势必会根基不稳。张良向刘邦推荐了长安（今西安）。张良说："关中东面有凶险的崤山、函谷关，西面有葱郁的陇山、岷山，土地肥美，沃野千里；而南面有农产丰富的巴蜀，北面有能放牧的大草原。凭借三面险要地势，易守难攻，只用东面就能控制各诸侯。若诸侯安定，就能从黄河、渭水附近调集物资供给京师；若诸侯叛变，就能顺流而下，同样有足够的物资支持。所以，关中才算得上是金城千里，天府之国。"

刘邦听了张良的建议，决定定都长安。

qiān yán wàn hè
千岩万壑

顾长康从会稽还，人问山川之美，顾云："千岩竞秀，万壑争流，草木蒙笼其上，若云兴霞蔚。"

——《世说新语》

成语释义 形容山峦连绵不绝，高低重叠。

造　　句 远处千岩万壑，地势十分险要。

近 义 词 千山万壑　千峰万壑

反 义 词 一马平川

找 规 律 千真万确　千言万语　千辛万苦　千秋万代

成语接龙

千岩万壑 → 赫赫有名 → 名声大振 → ［　　］ → 词穷理尽 → 尽善尽美 → ［　　］ → 收回成命 → 命世之才 → ［　　］

咬文嚼字

"壑"字很简单！

"千岩万壑"中的"壑"字，从字形上看结构比较复杂，笔画较多，时常会写错。但是，它的字义是单一的，指的是山沟或大水坑。汉语中有不少含有"壑"字的成语，如"以邻为壑""万壑争流""欲壑难填"等，其中的"壑"都是这个意思。

成语故事

晋朝时期，有一位著名的书画家，名叫顾恺之。他曾在大将军桓温手下当大司马参军，和桓温的感情十分要好。后来，桓温去世了，顾恺之作诗纪念他，写道：“山崩溟海竭，鱼鸟将何依。”诗中蕴含的情感让人动容。

当时，很多人佩服顾恺之的文才，要他描写会稽的景色。他描述道：“千岩竞秀，万壑争流，草木蒙笼其上，若云兴霞蔚。”意思是说，许多山岩展现风采，许多河流争相奔走，花草树木覆盖在上面，就像云霞那样壮观。

春和景明
chūn hé jǐng míng

至若春和景明，波澜不惊，上下天光，一碧万顷，沙鸥翔集，锦鳞游泳，岸芷汀兰，郁郁青青。而或长烟一空，皓月千里，浮光跃金，静影沉璧，渔歌互答，此乐何极！

——《岳阳楼记》

成语释义　春风和煦，阳光灿烂。形容春天风和日丽的景象。

造　　句　春和景明之时，也是万物复苏之时。

近 义 词　春光明媚　风和日丽

反 义 词　冰天雪地

成语接龙

春和景明 → （　　） → 白头偕老 → 老当益壮 → 壮志凌云 → 云消雾散 → （　　） → 勇往直前 → 前仆后继 → （　　）

咬文嚼字

“景”何以明?

景，常用来指景致、风景，也有尊敬、佩服的含义，如“景仰”。在“春和景明”这个成语中，“景”的意思是“阳光”。现代汉语中，这个意思已经不用了，但在古代，“阳光，太阳”是它的常用义，很多古文中都使用了这一含义。

成语故事

北宋时期，有个叫范仲淹的人，他在考中进士的那年结识了同样考中的滕子京，两人成了好友。后来，滕子京被降职到巴陵郡做太守。任职不久，滕子京政事顺利，当地百姓也十分和乐，郡中各项荒废的事业都兴办起来了。在这种盛况下，滕子京筹划重修了岳阳楼，不仅扩大了规模，还把唐代及当代名家的文章刻了上去。最后，滕子京嘱托好友范仲淹为岳阳楼写一篇文章。

于是，范仲淹写出了《岳阳楼记》，其中他对岳阳楼的景色有这样的描述：等到春风和煦、阳光明媚之时，湖面平静无波，天色与湖光相连，呈现出一片广阔无边的碧绿色。沙洲上的鸥鸟，时而飞翔，时而停歇，美丽的鱼儿游来游去，岸上的香草和小洲上的兰花，长得茂盛青翠。有时，浓浓的烟雾消散，皎洁的月光一泻千里，跃动的金光闪耀，月影像沉寂在水中的玉璧，渔夫的歌声相互呼应，这样的乐趣真是无穷无尽啊！

这篇文章不仅描写了岳阳楼的景色，还表达了作者心忧天下的情感，为历代文人传诵。

斗折蛇行

dǒu zhé shé xíng

潭中鱼可百许头，皆若空游无所依，日光下澈，影布石上。佁（yǐ）然不动，俶（chù）尔远逝，往来翕（xī）忽，似与游者相乐。潭西南而望，斗折蛇行，明灭可见。

——《小石潭记》

成语释义 像北斗星一样曲折，像蛇一样弯曲。形容道路或水流蜿蜒曲折。

造　　句 进了山区，眼前出现一条羊肠小道，斗折蛇行，不知通往何方。

近 义 词 弯弯曲曲　迂回曲折

反 义 词 平原易野　一马平川

成语接龙

斗折蛇行 → ______ → 水波不惊 → 惊恐万分 → 分秒必争 → ______ → 后患无穷 → 穷追猛打 → 打抱不平 → ______

咬文嚼字

名词也可作状语

“斗折蛇行”，保留了古代汉语中名词作状语的语言特点。斗，指北斗星，名词；蛇，是名词。“斗折”从字面上看是“北斗星弯弯曲曲”；“蛇行”从字面上看是“蛇曲折地行走”。实际上，应该把“斗”“蛇”当作状语，理解为“像……一样”，才能明白这个成语的意思。

成语故事

唐顺宗时期，柳宗元因拥护王叔文的改革，而被皇帝贬为永州司马。被贬官后，柳宗元的内心无比凄苦、愤懑，于是，他选择游历山水，寄情于山水之中，以此抒发自己在政治上的失意情绪。

柳宗元在四处游历、欣赏山水之时，写下了十分有名的山水游记，被合称为“永州八记”。其中有一篇叫《小石潭记》，它记录了柳宗元在小石潭看到的奇异的自然美景。

文章中这样描写到：小石潭中的鱼大约有一百来条，都像是在空中游动，没有依靠。阳光照到水底，鱼的影子映在水底的石上，呆呆地一动不动，又忽然一下游向远处，来来往往，轻快敏捷，像是在和游玩的人互相取乐。往小石潭的西南方望去，眼前的溪水像北斗星那样曲折，水流像蛇那样蜿蜒前行，忽明忽暗。两岸的地势像狗的牙齿那样交错不齐，无法看见溪水的源头。

《小石潭记》是一篇文质精美的山水游记，作者采用情景交融的手法，含蓄地表达了自己的失意之情。

chóng shàn jùn lǐng
崇山峻岭

群贤毕至，少长咸集。此地有崇山峻岭，茂林修竹，又有清流激湍，映带左右，引以为流觞(shāng)曲水，列坐其次。虽无丝竹管弦之盛，一觞一咏，亦足以畅叙幽情。

——《兰亭集序》

成语释义 高大陡峻的山岭。崇、峻：高大。

造　　句 长城宛若一条巨龙，盘旋在崇山峻岭之间。

近 义 词 层峦叠嶂

反 义 词 一马平川

成语接龙

崇山峻岭 → 领异标新 → 新旧交替 → [　　] → 道边苦李 → 李广难封 → 封妻荫子 → [　　] → 有机可乘 → [　　]

咬文嚼字

此“崇（chóng）山”非彼“丛（cóng）山”

在现代汉语中，“崇”的意思有：高；重视，尊敬。用于描述自然景物时，一般取用“高”的意思。崇山，就是指高大的山。“丛山峻岭”是另外一个成语，其中的“丛”是聚集的意思，因此，丛山是指连绵的群山，千万不要弄错了。

成语故事

晋穆帝永和九年（公元353年）农历三月初三这一天，在会稽山阴的兰亭，王羲之同当时的名流谢安、孙绰等四十余人举办了一次风雅的聚会。到场的文人雅士纷纷在水边赋诗，各抒情怀，最后抄录总结成集。大家一致推选这次聚会的主办人王羲之写一篇序文记录这次雅集，这就是著名的《兰亭集序》。

序中有这样一段记录可理解为：永和九年，是癸丑之年，在阴历三月初三，为了修禊祭礼，我们聚集在会稽山阴的兰亭。众多贤能志士聚到这里，年长或年少的都来了。这个地方有高峻的山峰，茂密的竹林，还有清澈湍急的溪流像青罗带一样环绕在亭子的四周。我们引清流激湍作为流觞的曲水，依次坐在曲水旁边。虽然没有音乐助兴，但喝酒作诗，也足以抒发情感了。

成语天地

来自诗词的“春景”成语

桃红柳绿

桃红复含宿雨，柳绿更带朝烟。（唐·王维《田园乐七首·其六》）

【释义】桃花嫣红，柳枝碧绿。形容花木繁盛、色彩鲜艳的春景。

万紫千红

等闲识得东风面，万紫千红总是春。（宋·朱熹《春日》）

【释义】形容百花齐放，色彩艳丽的景色。多指繁盛的春色，也比喻事物丰富多彩，繁荣昌盛。

春色满园

春色满园关不住，一枝红杏出墙来。（宋·叶绍翁《游园不值》）

【释义】整个园子里充满春天的景色。比喻春天欣欣向荣的景象。

草长莺飞

草长莺飞二月天，拂堤杨柳醉春烟。（清·高鼎《村居》）

【释义】形容江南暮春时的美丽景色。

语林小憩

填入合适的汉字，组成成语。（不可重复）

千□万□　　千□万□

千□万□　　千□万□

千□万□　　千□万□

千□万□　　千□万□